W0179139

Zitiert wird nach Henrik Ibsen: *Ein Volksfeind*. Schauspiel in fünf Akten. Aus dem Norwegischen übersetzt von Christel Hildebrandt. Nachwort von Walter Baumgartner. Stuttgart: Philipp Reclam jun., 2006 (unveränderter Nachdruck der Auflage von 1999; Universal-Bibliothek Nr. 1702).

Vorwort

Ibsens *Ein Volksfeind* ist **das vieldeutigste Stück** des norwegischen Dramatikers. Es wurde seit seinem Erscheinen 1882 regelmäßig weltweit aufgeführt und in allen seither abgelaufenen Geschichtsabschnitten inszeniert. Die Hauptgestalt Dr. Tomas Stockmann im politischsten Stück des Dichters trägt Züge ihres Schöpfers und ist gleichzeitig Gegenentwurf zu ihm. Stockmann wurde als Wahrheitsvorkämpfer und politischer Phantast, als ethischer Idealist und naiver Schwärmer, als Held und Narr, als ein prächtiger Mensch und ein Kindskopf gesehen und auch in Inszenierungen so gegensätzlich angelegt. Das Stück stellt wie kein anderes Ansichten des Dichters über Staat, Demokratie und Gesellschaft vor. Das erklärt, dass *Ein Volksfeind* im Gegensatz zu den Theatern von Interpreten stiefmütterlich oder gar nicht behandelt worden ist.[1] Obwohl das Schauspiel wegen seines besonderen 4. Aktes auch dramaturgisch eine Besonderheit ist, wurde es in Abhandlungen „übersehen". Dem Publikum waren solche Leerstellen gleichgültig; es schenkte dem Stück uneingeschränkt seine Gunst. Als im 20. Jahrhundert die **Umweltproblematik** zu einer Größe der Alltagspolitik wurde, im Gegenzug die westlichen Demokratien in kritische Diskussionen gerieten, nahm das Interesse an dem Stück nochmals zu. *Ein Volksfeind* blieb aktuell durch die behandelten Probleme: Skrupellose Gewinnsucht auf Kosten von Umwelt und Gesundheit, Manipulation der Massen durch Medien, Demokratie ohne politische Ehrlichkeit, Parteiengezänk ohne politischen Weitblick, eine sich selbst reproduzierende Bürokratie – die aktuellen Fragestellungen, die das Stück aufnimmt, ließen sich mühelos fortsetzen.

Ibsens Figuren bewegen sich in alltäglichen sozialen Verhältnissen im Norwegen der zweiten Hälfte des 19. Jahrhunderts, die in *Ein*

---

1 Sowohl in *Ibsens Dramen. Interpretationen* (Reclam) als auch bei anderen fehlt *Ein Volksfeind*. In der Sekundärliteratur wird das Stück oft gar nicht oder nur beiläufig erwähnt.

Volksfeind wie in keinem anderen Stück Ibsens vorhanden sind und dort neben der sozialen eine politische Dimension bekommen. In seinen gesellschaftskritischen Stücken beschrieb Ibsen die Deformierung des Menschen, seiner Wertvorstellungen und Ideale in der bürgerlichen Welt. Verursacht wurden die Verluste, wie er in seinen Stücken demonstrierte, durch Provinzialismus und ausschließlich ökonomische Orientierungen im gesellschaftlichen Zusammenleben.

Gesellschaftliche Veränderungen wünschte Ibsen, aber grundsätzliche Antworten sind selten. Sein Amt „war fragen, nicht Bescheid zu geben", wie es in seinem *Reimbrief* (1875) heißt. Andererseits ließ er keinen Zweifel daran, dass Stockmanns Erkenntnis, „ dass der stärkste Mann auf der Welt der ist, der ganz allein dasteht" (120), ohne die Stockmann'sche Narrheit auch ihm sympathisch war. Als Otto Brahm (1856–1912), der als Theaterleiter den Ruhm Ibsens und Gerhart Hauptmanns auf deutschen Theatern förderte, Ibsen 1885 in Rom traf, bekannte er sich zu der Maxime und erklärte damit „die Einsamkeit dieses Lebenswandels"[2]. Jahre zuvor hatte Ibsen Ähnliches Georg Brandes gesagt. Ibsen blieb nicht durchgängig bei den Fragen stehen, sondern bemühte sich im Zusammenhang mit seinen Vorstellungen von einem „dritten Reich" auch um Antworten. Eine davon wurde in *Ein Volksfeind* gegeben; es wird darauf zurückzukommen sein.

Die bis heute nachweisbare **ungeheure Wirkung seiner Dramen** auf den europäischen Bühnen ergab sich aus der genauen sozialpsychologischen Analyse und der Eindringlichkeit der szenischen Handlungen. Auch waren Ibsens Schauspiele immer aufreizend spannend: Die Abläufe verliefen scheinbar alltäglich, oft war ihnen ein krimineller Vorgang unterlegt und der Zuschauer spürte eine geheimnisvolle Doppelbödigkeit. Es war die verdrängte Wirklichkeit einer verrotteten Gesellschaft, die Ibsen ins Bild eines Schiffes verdichtete und die er untergehen sah. Symbol des Un-

---

2   Otto Brahm: *Henrik Ibsen* (1886). In: Friese, S. 20

tergangs wurde die „Leiche im Laderaum", die Ibsen oft nannte.[3] *Ein Volksfeind* verwendet dieses Symbol in Form des verseuchten Wassers, das zu Krankheit und Tod führen kann, gleichzeitig aber auch für unlauteres Gewinnstreben und opportunistische Käuflichkeit steht.

Ibsens Stücke beschreiben wie die Stücke Anton Tschechows, Maxim Gorkis und die frühen Stücke Gerhart Hauptmanns die aktuelle soziale und geistige Situation um die Jahrhundertwende von 1900. Diese Aktualität hat sich bei vielen Themen prinzipiell bis heute erhalten oder ist wiedergekehrt. Es fällt nicht einmal auf, dass in diesen Stücken Telefone und Handys fehlen, man glaubt, sie stünden in den Nebenräumen.

Der vorliegende Kommentar versucht, neben den gegensätzlichen Interpretationen einen schlüssigen Weg zu suchen, der den Intensionen des Dichters folgt. Der hatte allerdings selbst schon verschiedenartige Deutungsmöglichkeiten suggeriert, zwischen Schauspiel und Lustspiel geschwankt. Stockmann und er seien gut miteinander ausgekommen, aber Stockmann sei unruhiger als er und habe „etliche andere Eigenheiten"[4]. Die ungebrochene Aktualität des Werkes wird erklärt und punktuelle Einsichten in die unübersehbare Wirkung des Schauspiels werden geboten.

---

3   Ibsen beschreibt in seinem Gedicht *Ein Reimbrief* (1875 an Georg Brandes gesandt) die Menschheit als ein Schiff, das gelähmt werde, weil es „als Ladung eine Leiche" mit sich führe. In: Ibsen: *Sämtliche Werke*, 1. Band, S. 156 und 159
4   Brief an Frederik Hegel vom 9. September 1882 aus Gossensaß, siehe Ibsen, *Dichter über ihre Dichtungen*, Bd. 10/II, S. 97

1. Henrik Ibsen: Leben und Werk

1.1 Biografie

Jahr	Ort	Ereignis	Alter
1828	Skien	Henrik Johan Ibsen wird am 20. März geboren. Vater: Knud, Kaufmann, Mutter: Marichen Cornelia Martine, geb. Altenburg; getauft zu Hause am 28. März und am 10. Juni in der Kirche.	
1835	Venstøp	August: Konkurs des Vaters, Umzug im Juni. Schulbesuch in Skien.	7
1840	Venstøp	Baut sich ein Marionettentheater.	12
1843	Skien	1. Oktober: Konfirmation; Rückkehr nach Skien.	15
1844	Grimstad	Lehrling und Gehilfe in der Reimann'schen Apotheke.	16
1846	Grimstad	Geburt des Sohnes Hans Jacob Henriksen aus dem Verhältnis mit dem Dienstmädchen Else Sophie Birkedalen.	18
1848–49	Grimstad	Vorbereitung auf das Abitur, erste dichterische Versuche: *Vermischte Gedichte*, *Catilina*. Er will Arzt werden. – Beeindruckt von der nationalromantischen Dichtung Welhavens, Andreas Munchs und Adam Gottlob Oehlenschlägers; Ibsen schreibt historische Dramen.	20–21

Jahr	Ort	Ereignis	Alter
1850	Christiania	Heltberg'sche „Abiturienten-fabrik", Berührung mit der norwegischen Arbeiterbewegung, den Thranitern. Mitarbeit an Zeitschriften. *Catilina* erscheint. Letzter Besuch bei den Eltern in Skien. Abitur teilweise bestanden, in Griechisch und Mathematik ungenügend, in der Muttersprache eine Drei.	22
1851	Christiania	Hört Vorlesungen, publizistisch tätig: Im Januar erscheint die literarisch-satirische Zeitschrift *Man den = Der Mann.* Er zahlt ständig zu spät Unterhalt, wird verurteilt, entgeht knapp dem Gefängnis, als er im Sommer berufen wird:	23
	Bergen	Dramaturg, Regisseur und Dichter am Norwegischen Theater. Freundschaft mit Bjørnstjerne Bjørnson.	
1852	Kopenhagen	Studienreise mit Hilfe eines Stipendiums. Bekanntschaft mit Johan Ludvig Heiberg und H. C. Andersen. Sieht Stücke Shakespeares, Holbergs, Scribes u. a.	24
	Dresden	9. Juni: Ankunft, Unterstützung durch den Maler Johan Clausen Dahl. Einfluss durch Hettners Buch *Das moderne Drama.*	

Jahr	Ort	Ereignis	Alter
1855/56		*Frau Inger auf Östrot, Das Fest auf Solhaug*	27/28
1856		Erfolgreiche Aufführungen seiner Stücke. Lernt seine zukünftige Frau Suzannah Thoresen kennen, Stieftochter der Schriftstellerin Magdalene Thoresen und Tochter des Probstes Thoresen.	28
1857	Christiania	Künstlerischer Leiter des Norwegischen Theaters.	29
1858/59	Christiania	Verlobung und Heirat mit S. Thoresen, Geburt des Sohnes Sigurd (23. 12. 1859), später Politiker. Die Familie lebt armselig, Schulden.	30/31
1862	Christiania	Wegen finanzieller Schwierigkeiten des Theaters Ende der Tätigkeit. *Die Komödie der Liebe.*	34
1863	Christiania	Berater und Dramaturg am Christiania-Theater, Bewerbungen um Stipendien werden abgelehnt. Auch als Dramatiker erfolglos. *Die Kronprätendenten.*	35
1864	Christiania Berlin	Bekommt ein Reisestipendium, Geldsammlung durch Bjørnson. Ibsen bricht am 2. 4. nach Italien auf und erlebt in Berlin die Siegesparade nach dem Deutsch-Dänischen Krieg. Für 27 Jahre verlässt Ibsen seine Heimat, die er nur besuchsweise wiedersieht (z. B. 1874).	36

Jahr	Ort	Ereignis	Alter
1865	Rom	Abschluss *Brand*, großer Erfolg. Bewilligung einer jährlichen Dichtergage, Beginn des lebenslangen Kontaktes zum Verleger Frederik Hegel (gest. 1887).	37
1866		Jährliche staatliche Unterstützung für sein Schaffen.	38
1867	Dänemark	Georg Brandes (geb. 1842), der bedeutende dänische Literaturwissenschaftler, veröffentlicht seinen ersten Essay über Ibsen. Er wird zu seinem wichtigsten Verbündeten bei der Popularisierung in Europa.	39
	Sorrent	Abschluss *Peer Gynt*, Entfremdung von Bjørnson.	
1868	Dresden	Umzug, Kontakt zum „Literarischen Verein", dessen Ehrenmitglied er 1904 wird. Mehrfacher Umzug, immer im Stadtzentrum.	40
1869		Juni: Tod der Mutter, lebte seit 1865 vom Vater getrennt.	41
	Stockholm	Juli: Ibsen ist der norwegische Delegierte bei einem Rechtschreibungskongress der skandinavischen Sprachen.	
	Paris/Orient	Oktober: Reise in den Orient, Teilnahme als offizieller Gast bei der Eröffnung des Suezkanals. *Der Bund der Jugend*.	

Jahr	Ort	Ereignis	Alter
1870	Dänemark	Besuch, Begegnung mit Frederik Hegel.	42
1871	Dresden	Ablehnung des Deutsch-Französischen Krieges, Angriffe auf ihn wegen „Deutschenhass".[5] Besuch Georg Brandes'.	43
1872	Dresden	Erste deutsche Übersetzungen; Andersen zu Besuch.	44
1873	Pillnitz	Sommerwohnung; den Haushalt führen Ibsens Frau und seine Schwägerin Marie. Abschluss *Kaiser und Galiläer*. Endgültiger Verzicht auf den Vers im Drama.	45
	Wien	Jurymitglied auf der Weltausstellung.	
1874	Norwegen	Erster Besuch nach zehn Jahren Abwesenheit.	46
1875–1876	München	Übersiedlung, meldet sich als Dr. phil. an; erste Aufführung eines Stückes in Deutschland: *Helden auf Helgeland*.	47/48
1876	Meiningen	Die Meininger unter Herzog Georg II. führen am 30. Januar 1876 die *Kronprätendenten* (Ü.: Adolf Strodtmann) auf. Ibsen und der Herzog planen, dass Ibsen eine Stellung am Meininger Theater einnimmt. Ibsen	48

---

5   Vgl. Rüdiger Bernhardt: *Henrik Ibsen und die Deutschen*, S. 153 ff.: Die Kontroverse mit der Zeitschrift *Im neuen Reich*, in der ein anonymer Verfasser Ibsen scharf angegriffen hatte, war das erste öffentliche Hervortreten Ibsens in Deutschland.

Jahr	Ort	Ereignis	Alter
		meint, er werde sich schnell ein-arbeiten.[6] Der Plan zerschlägt sich.	
	Gossensaß	August/September: erstmals Urlaub in Tirol, dem sich weitere 1877 und 1878 anschließen.	
1877	Uppsala	Ehrendoktor auf Empfehlung Lorentz Dietrichsons. 4. Oktober: Tod des Vaters.	49
1878	Berlin	Jan./Februar: Fünf Bühnen führen gleichzeitig *Stützen der Gesellschaft* auf: Belle-Alliance-, National-, Ostend-, Stadt und Réunion-Theater. Anschließend Aufführung an 27 Hoftheatern.	
	Rom	Nach einem Sommer in Gossensaß Umzug, um den Sohn Sigurd studieren zu lassen.	50
1879	Amalfi	Abschluss des *Puppenheims (Nora).*	51
	Kopenhagen	Am 21. 12. Uraufführung. Den Winter über in München.	
1880	Berchtesgaden	Sommeraufenthalt. Im Herbst nach München, dann nach Rom.	52
	Rom	Übersiedlung; vom November bis 1885 Wohnort.	
1881	Sorrent	*Gespenster* wird zum Skandal in Skandinavien.	53

---

6 Brief Georgs II. an Ludwig Chronegk vom 10. 1. 1876. In: Alfred Erck/Hannelore Schneider: *Georg II. von Sachsen-Meiningen.* Zella-Mehlis/Meiningen: Heinrich-Jung-Verlagsgesellschaft mbH, 1999 (2. Auflage), S. 408

Jahr	Ort	Ereignis	Alter
1882	Rom	Januar: *Ein Volksfeind* entsteht in kurzer Zeit: Erste Fassung am 21. Juni beendet.	54
	Chicago	Mai: Uraufführung der *Gespenster* durch ein norwegisch-dänisches Amateur-Theater. Versöhnung mit Bjørnson.	
	Gossensaß	Bis September: Überarbeitung und Abschriften des *Volksfeindes*, der im gleichen Jahr in einem Kopenhagener Verlag[7] erscheint.	
1883	Christiania	13. Januar: **Uraufführung von Ein Volksfeind**, insgesamt 27 Aufführungen.	55
1884		*Die Wildente.*	56
1885	München	Oktober: Zweite Übersiedlung nach München.	57
1886	Augsburg	14. April: Aufführung der *Gespenster* als Generalprobe in Anwesenheit Ibsens.	58
	Meiningen	Festwoche in Anwesenheit Ibsens, Richard Voß' und Paul Lindaus; 21. 12.: Aufführung der *Gespenster*. Ritter des Sächsisch-Ernestinischen Ordens 1. Klasse. Verbot der Aufführung in Berlin. *Gespenster* ist das populärste Werk aller Neuerscheinungen. *Rosmersholm.*	58

---

7   Dänisch und Norwegisch waren zu dieser Zeit im Druck identisch.

Jahr	Ort	Ereignis	Alter
1887	Berlin	9. Januar: „Heut bricht für die deutsche Literatur eine Epoche an."[8] soll Julius Hoffory, dänischer Hochschullehrer in Berlin und entschiedener Propagandist Ibsens, gesagt haben. Die einmalige *Gespenster*-Aufführung als Matinee im Residenz-Theater[9] in Anwesenheit des Dichters bedeutet Ibsens endgültigen Durchbruch in Deutschland.	59
1888		*Die Frau vom Meere.*	60
1889	Gossensaß	21. Juli bis 27. September: Begegnung mit Emilie Bardach.	61
	Berlin	29. September: Eröffnung der Freien Bühne im Lessing-Theater mit *Gespenster*.	
1890	München	*Hedda Gabler*. 31. 1. 91 Uraufführung.	62
1891	Norwegen	Rückkehr nach Norwegen: Kreuzfahrt entlang der norwegischen Küste, anschließend in Kristiania, wo er im Oktober eine Wohnung bezieht. (Christiania heißt seit 1877 Kristiania und seit 1924 Oslo.)	63

---

8 Der denkwürdige Satz Julius Hofforys wurde von Paul Schlenther übermittelt. Vgl.: Ibsen, *Sämtliche Werke*, 7. Band, S. XIX
9 Hugo Fetting (Hg.): *Von der Freien Bühne zum Politischen Theater. Drama und Theater im Spiegel der Kritik*. 2 Bände. Leipzig: Reclam, 1987, Bd. 1, S. 26 ff.

Jahr	Ort	Ereignis	Alter
1892	Kristiania	*Baumeister Solness*. Sohn Sigurd, außenpolitischer Beamter, ab 1903 Staatsminister, heiratet Bjørnsons Tochter Bergliot.	64
1894–96		*Klein Eyolf, John Gabriel Borkman.*	66–68
1898	Kristiania	Feiern zum 70. Geb. in Skandinavien und Deutschland. Deutsche Gesamtausgabe beginnt zu erscheinen (S. Fischer, Berlin), anschließend skandinavische Gesamtausgabe.	70
1899	Kristiania	*Wenn wir Toten erwachen. Epilog.* Grandioser Abschluss eines Lebenswerkes.	71
1900	Kristiania	März: Erster Schlaganfall, Sanatoriumsaufenthalt, Krankheit.	72
1901	Kristiania	Zweiter und 1903 dritter Schlaganfall.	73
1906	Kristiania	23. Mai: Tod nach langem Krankenlager, Staatsbegräbnis.	78

1.2 Zeitgeschichtlicher Hintergrund

Für kein anderes Stück Ibsens ist die Bühnengeschichte eines anderen Werkes so wichtig wie hier: *Ein Volksfeind* ist die Reaktion des Dichters auf den Umgang der Öffentlichkeit mit den *Gespenstern*. Selbst der mit Ibsen befreundete Paul Heyse bemerkte „missvergnügt: ‚Solche Bücher schreibt man überhaupt nie.“[10] Ähnlich wichtig ist die politische Entwicklung Norwegens in den siebziger und frühen achtziger Jahren des 19. Jahrhunderts und Ibsens Verhältnis dazu. Ibsen war nach der Veröffentlichung von *Brand* (1865) zum Dichter von europäischem Format geworden, was er in Dresden nachdrücklich zu spüren bekam: „Ich befinde mich in einer glücklichen und versöhnten Gemütsstimmung und schreibe in Harmonie damit.“[11] Die ökonomische Entwicklung Norwegens wirkte sich aus. Erst 1846 begann die Entwicklung eines modernen Verkehrssystems, 1854 gab es die erste norwegische Eisenbahn, ein Thema in Ibsens *Stützen der Gesellschaft* (1877). Große Teile der Bauernschaft wurden in die industrielle und finanzökonomische Entwicklung eingegliedert; Banken bekamen über Nacht Bedeutung. Da die Aristokratie in Norwegen schon vor dem Adelsgesetz 1821 wenig bedeutete – im Gegensatz zu Deutschland –, entstand eine spezifische Form der Demokratie, in der sich traditionelle Bauernrechte, z. B. die Selbstbestimmung, in die kapitalistische Entwicklung einfügten, zu der auch die Entstehung von Parteien gehörte. Friedrich Engels hatte diese Entwicklung frühzeitig erkannt: „Das Land ist durch seine Isolierung und Naturbedingungen zurückgeblieben, aber sein Zustand war beständig seinen Produktionsbedingungen angemessen und daher normal. Erst ganz neuerdings kommt ein ganz klein wenig große Industrie sporadisch ins

Reaktion des Dichters

---

10 John Paulsen: *Erinnerungen an Henrik Ibsen*. Berlin: S. Fischer Verlag, 1907, S. 130
11 Brief vom 31. Oktober 1868 an seinen Verleger Frederik Hegel, SW 10, 111

Land."[12] – Während sich Norwegen in der ersten Hälfte des 19. Jahrhunderts von den wirtschaftlich fortgeschrittensten Ländern deutlich unterschied, brachte eine Konjunktur nach 1850 den Anschluss an die europäische Entwicklung, bereits 1857 gab es eine erste Krise. Norwegen erlebte in kürzester Zeit auf der Grundlage einer bürgerlich demokratischen Staatsform im Kleid der Monarchie – in der Union mit Schweden – entscheidende ökonomische Strukturveränderungen, die Ibsen thematisierte.

entscheidende ökonomische Strukturveränderungen

Während *Ein Volksfeind* 1882 entstand, gehörte in Deutschland die Aufmerksamkeit der politischen Öffentlichkeit der Sozialdemokratie. Sie hatte sich unter dem Sozialistengesetz, mit dem sie seit 1878 unterdrückt werden sollte, zu einer großen Partei entwickelt. Trotz der Verbote von Druckschriften und Zeitungen, neben Versammlungs- und Vereinsverboten besonders forciert, hatte sich eine sozialdemokratische Literatur ebenso durchgesetzt wie eine entstehende naturalistische Literatur. Junge deutschsprachige Naturalisten waren Julius und Heinrich Hart, Richard Voss, Wolfgang Kirchbach, Peter Hille, Hermann Bahr, Paul Ernst und andere. Ihr Vorbild als Dramatiker wurde Henrik Ibsen, Kontakte suchten sie auch zur Sozialdemokratie. Im Januar 1890 lehnte die Mehrheit des deutschen Reichstages eine Verlängerung des Gesetzes ab. Es wurde am 30. September 1890 aufgehoben. Dazwischen war Bismarck am 20. März 1890 als Reichskanzler entlassen und durch Leo Graf von Caprivi ersetzt worden. Der quantitative und qualitative Machtzuwachs der Sozialdemokratie ließ *Ein Volksfeind* in Deutschland von Beginn an als Teil der politischen Situation erscheinen; die ersten Nachahmungen (Julius Hart, Hermann Bahr, Otto Ernst) wurden deutlich politisch akzentuiert. *Ein Volksfeind* geriet auch in juristische Auseinandersetzungen, die der deutschen Sozialdemokratie aufgezwungen wurden, und wurde be-

---

12 Karl Marx, Friedrich Engels: *Über Kunst und Literatur*, hg. von Michail Lifschitz. Berlin: Dietz Verlag, 1948, S. 16

nutzt, um sozialistische oder sozialdemokratische Tendenzen der „Freien Volksbühne" abzustreiten.[13]

Ibsen nahm durch sein gründliches tägliches Presse-Studium die politischen und wissenschaftlichen Themen seiner Zeit auf. Dazu gehörten Entwicklungen in der Medizin mit der Annäherung an die Kriminologie, wie sie der Gerichts-mediziner Cesare Lombroso (1835–1909)

betrieb. Aus der Beschäftigung mit Auguste Comtes (1798–1857) Positivismus[14], der erstmals soziologisch begründet wurde, leitete Lombroso biologische und erbabhängige Gründe für Kriminalität und Wahnsinn ab. Einem großen Publikum wurde Lombroso mit *Genie und Irrsinn* (ital. 1872, dt. 1887) bekannt; seine Thesen wurden in Europa, vor allem auch außerhalb Italiens, öffentlich diskutiert. Genies stellte er als übersteigerte Individuen dar, voller Leidenschaft und ohne Selbstkontrolle, die Einsamkeit besonders liebten. Sie seien in einem permanenten Zustand der Übersteigerung und immer dicht an der Grenze zum Verrücktsein. Da Vererbung für ihn determinierend wirkte, stellte er Genie und Wahnsinn einem freien Willen, den er ablehnte, gegenüber. Auch Émile Zolas Werke standen unter dem Einfluss Lombrosos.[15] Der Held in Zolas Roman *Der Totschläger* (franz. 1877, dt. 1880) war erblich rettungslos dem Alkoholismus verfallen. Die uneingeschränkte Wirkung der Vererbung in Ibsens *Gespenstern* weist in die gleiche Richtung. Dr. Stockmanns Gefühlsüberschwang, seine Verkennung der sozialen Bedingungen und seine Einsamkeits-These entsprechen Lombrosos Genie-Begriff: Der geniale Mensch trete „einsam in die Welt" und scheide „einsam aus ihr ..., fremd den

---

13 Vgl. Scherer, S. 99 ff.
14 Das bedeutete, auf der Grundlage von Naturgesetzen Gesetze des sozialen Zusammenlebens zu finden, wobei Beobachtungsgegenstand alles Tatsächliche, Gegebene – also „Positive" – sei.
15 Vgl. Paul Lafargue: ‚*Das Geld*' von Zola. In: Die Neue Zeit. 10. Jg. Stuttgart: J. H. W. Dietz, 1891/92, Bd. 1, Nr. 1, S. 4–10, Nr. 2, S. 41–46, Nr. 3, S. 76–86, Nr. 4, S. 101–110, zu Lombroso und Zola vgl. S. 6 ff.

warmen Gefühlen des Familienlebens"[16]. Merkwürdige Verhaltensweisen Stockmanns, die schon den Zeitgenossen fremd waren[17], so wenn er sich enthusiastisch freut, die Verseuchung des Kurbades nachweisen zu können (20), lassen sich mit Lombrosos Beschreibung des Genies vergleichen: „... die Leidenschaften eines genialen Geistes sind heftig; sie verleihen den vom Geiste entworfenen Ideen Farbe und Leben. Und wenn wir zu bemerken glauben, dass bei dem einen oder anderen genialen Menschen die Leidenschaften nicht in ungebändigter Kraft toben, so hat das seinen Grund darin, dass dieselben all einer Hauptleidenschaft, dem unersättlichen Verlangen nach Ruhm oder dem Durste nach Wissenschaft und Erkenntnis weichen müssen."[18]

Prinzip der Polarität

Neben den aktuellen Zeitthemen wirkte sich Ibsens Prinzip der Polarität als langfristiges Prinzip aus: Es bezog die Werke Ibsens aufeinander. Das Prinzip entwickelte Ibsen aus der Dialektik Georg Wilhelm Friedrich Hegels; möglicherweise kannte Ibsen auch die verbreitete Methodik Krauses dazu.[19] Ibsen nutzte ferner die Erkenntnisse Hermann Hettners vom modernen Drama (*Das moderne Drama*, 1852) und übertrug Søren Kierkegaards normierte Lebensweisen nach dem Hauptwerk *Entweder-Oder* in seine moderne Gesellschaftsdramatik.[20] Kierkegaard und Hegel gehörten ins Bewusstsein der norwegischen Intellektuellen der vierziger und fünfziger

---

16 Cesare Lombroso: *Genie und Irrsinn in ihren Beziehungen zum Gesetz, zur Kritik und zur Geschichte*. Leipzig: Reclam, o. J. (1887), S. 9
17 Adalbert von Hanstein, ein engagierter Verehrer Ibsens, hatte für die „freudigste Erregung" Stockmanns wenig Verständnis und fand Ähnliches bei Ehefrau und Tochter Stockmanns – „unangenehm überrascht". Adalbert von Hanstein: *Ibsen als Idealist*. Leipzig: Verlag von Gg. Freund, 1897, S. 122
18 Lombroso, *Genie und Irrsinn in ihren Beziehungen zum Gesetz, zur Kritik und zur Geschichte*. Leipzig: Reclam, o. J. (1887), S. 23
19 *Das Ibsen-Buch* von Georg Brandes berichtet, dass Ibsen gesagt habe, es wäre doch lächerlich, Hegel oder Krause mit dem Gedanken zu lesen, es könnten auch die Gedanken von Frau Hegel oder Frau Krause sein. (Brandes, *Das Ibsen-Buch*, S. 115). Vgl. zu Krause: Siegfried Wollgast: *Karl Christian Friedrich Krause (1781–1832) – ein deutscher Philosoph mit Weltgeltung*. In: Sitzungsberichte der Leibniz–Sozietät. Berlin: trafo verlag, Jg. 2001, Bd. 46, Heft 3
20 Vgl. dazu Bernhardt, *Ibsens Polaritätsgedanke*, S. 93–111

Jahre des 19. Jahrhunderts; besonders in Ibsens Freundeskreis waren Hegels Ideen verbreitet.[21] Ibsen konnte aus der Presse alles für ihn Wichtige entnehmen, zumal 1870 zum 100. Geburtstag Hegels Artikelserien erschienen. Die Hegel'sche These, dass die Zwiespältigkeit des Lebens und Bewusstseins die Forderung erhebe, diese Widersprüche zu lösen, wurde für Ibsen eine Maxime des Dichtens. – Hettner forderte eine soziale Dramatik als Abhebung von einer klassischen Dramatik. Ibsen hatte diese Ideen bei seinem Besuch in Dresden 1852 kennengelernt. Vereinfacht bedeutet das Prinzip der Polarität, das Ibsen nie theoretisch ausführlich beschrieb, sondern in seinen Dramen praktizierte und in einzelnen Maximen in Briefen und Reden formulierte: Jeder Gedanke trägt seinen Widerspruch in sich, damit trägt auch jedes literarische Thema seine Aufhebung und Negation in sich. Ibsens Werke ordnen sich in ihrer Chronologie wie These, Antithese und Synthese, die Chronologie der Stücke hat deshalb bei Ibsen eine herausragende Bedeutung. Übersicht ist nur durch eine Betrachtung des Gesamtwerkes zu erlangen; konsequenterweise steht am Schluss dieser Reihe 1899 ein *dramatischer Epilog* (Nachwort, Ausklang) mit dem Titel *Wenn wir Toten erwachen*. Ibsen hatte bewusst und konsequent das Stück als *Epilog* bezeichnet, weil es, wie er eine Pressenotiz zu dem Stück ergänzte, „eine Ganzheit, eine Einheit"[22] beende. Diese Organisation eines Gesamtwerkes ist in der Weltliteratur einmalig und verhindert, die Lösung eines Schauspiels als Anleitung zum Handeln zu verstehen. Schon Freunde und Zeitgenossen spürten die besonderen Beziehungen der Stücke untereinander: „Man kann von Ibsens Werken sagen, dass ungefähr jedes neue Buch kritischen Gerichtstag über das vorige abhält, dessen Gedankengang den Dichter nicht länger befriedigt, weil er inzwischen einen andern, vorgeschrittneren Standpunkt erreicht hat."[23]

---

21 Bernhardt, *Henrik Ibsen und die Deutschen*, S. 76 ff.
22 Ibsen, *Dichter über ihre Dichtungen*, Bd. 10/II, S. 231
23 Paulsen, S. 154

Es passt zu dieser Theorie, dass der sterbende Ibsen, als die an seinem Bett Versammelten über seinen Zustand sprachen und meinten, es gehe ihm besser, gesagt hat: „Im Gegenteil"[24]. Es kann auch als Antithese zu seinem Leben und seinem Werk verstanden werden.

Ibsens Stücke fügen sich in eine Ordnung, in der ein Stück das andere aufhebt. Das gab den Stücken ihren besonderen Charakter: „Man geht zumeist völlig in die Irre, wenn man, wie es kleine und große Geister getan haben, versucht, aus *einzelnen* Dramen Paragraphe eines politischen, sozialen oder ethischen Programms oder Glaubensbekenntnisses herauszulesen, die Dichtungen einzeln zu dogmatisieren; denn wollte man dies ernstlich tun, so höbe die *Wildente* den *Volksfeind*, die *Frau vom Meere* oder *Hedda Gabler* das *Puppenheim [Nora]* auf, und zu einem geschlossenen Programm käme man erst recht nicht."[25] Auch Figurenkonstellationen unterliegen dieser Polarität. Die Figuren sind Variationen eines grundsätzlichen Charakters, der in seinen unterschiedlichen, auch gegensätzlichen Eigenschaften Konflikten und sozialen Situationen ausgesetzt wird. Der Schriftsteller Hugo von Hofmannsthal hat das intuitiv gespürt:

> „*Diese resignierten Egoisten, wie Hjalmar, Helmer und Hilde, und die Pathetisch-Isolierten, wie Stockmann oder Nora, sind für meine Empfindung nur Stadien ein und desselben inneren Erlebnisses, und diese verschiedenen Menschen sind nichts als der eine Ibsen'sche Mensch in verschiedenen Epochen der Entwicklung. Alle Ibsen'schen Menschen repräsentieren nichts anderes als eine Leiter von Seelenzuständen.*"[26]

---

24 Ferguson, S. 542
25 Robert F. Arnold: *Das Moderne Drama*. Straßburg: Verlag von Karl J. Trübner, 1908, S. 111 f.
26 Hugo von Hofmannsthal: *Die Menschen in Ibsens Dramen. Eine kritische Studie* (1893). In: Friese, S. 102. – Die genannten Figuren stammen aus Ibsens Schauspielen *Die Wildente* (Hjalmar Ekdal), *Nora oder Ein Puppenheim* (Helmer, Nora), *Baumeister Solness* (Hilde Wangel) und *Ein Volksfeind* (Stockmann).

Mit dem Prinzip der Polarität geordnet bildet *Ein Volksfeind* die Synthese aus *Ein Puppenheim (Nora)* (These) und *Gespenster* (Antithese). Das philosophisch-juristische Thema der drei Stücke sind Wahrheit und Recht im Spannungsfeld von Individuum und Gesellschaft. In *Ein Puppenheim* fordert Nora nachdrücklich ihre Wahrheit und ihr Recht von der Gesellschaft ein, die dafür bisher keine Norm, kein Gesetz hat; in *Gespenster* verdrängt Frau Alving beides hartnäckig, um die gesellschaftlichen Normen einzuhalten. In *Ein Volksfeind* werden beide Positionen miteinander konfrontiert: Tomas Stockmann fordert idealistisch Wahrheit und Recht für die Kurbadbesucher, Peter Stockmann dagegen pragmatisch Lüge und Rechtsbeugung unter den Bedingungen des Gewinns für die Aktionäre. Tomas redet und enthüllt, Peter schweigt und verhüllt. Einen Sieg können beide letztlich nicht verzeichnen: Tomas ist als Kurarzt entlassen, dennoch wird sich, weil einmal bekannt, die Verseuchung des Bades herumsprechen und die Kurgäste werden ausbleiben. *Die Wildente*, das nächste Stück, stellt sich als Antithese zu *Ein Volksfeind*, der selbst zur neuen These geworden ist: Ein Untergang ist aufzuhalten, wenn auf Idealismus verzichtet wird und alle sich unter das Dach einer Lebenslüge begeben. *Rosmersholm* wird schließlich die neue Synthese: Beide Lebensmöglichkeiten, die der Lebenslüge und die der idealistischen Wahrheitssuche, sind unter den vorhandenen Bedingungen zum Untergang verurteilt.

1.3 Angaben und Erläuterungen zu wesentlichen Werken

1866 *Brand*: Im Zusammenhang mit *Ein Volksfeind* wurde oft darauf hingewiesen, dass Pfarrer Brands Forderung des „Alles oder Nichts" auch für Dr. Tomas Stockmann zutreffen. Der in die Bergwelt mündende Weg Brands sieht anders aus, wenn er ins tatsächliche Leben führt. Ibsens Haltung zu seinen „dramatischen Geschöpfen, den Kämpfern für die Wahrheit verändert sich ... Lässt er sie aber die letzten Folgen aus ihren Handlungen ziehen und tragen, dann führt der Dichter uns in unmögliche Verhältnisse, die nicht einen Tag dauern können."[27]

1869 *Der Bund der Jugend*: Die Pläne des Rechtsanwalts Stensgård, eines politischen Emporkömmlings, den Ibsen nach dem Bilde Bjørnsons, aber auch nach eigenen Zügen schuf[28], sind nicht aufgegangen. Aber es wird prophezeit: „In zehn bis fünfzehn Jahren sitzt Stensgård im Reichstag oder im Ministerium." (SW 6, 146) Im *Volksfeind* ist Stensgård zum „stiftamtmann", etwa Distrikthauptmann oder Regierungspräsident, aufgestiegen, in der Reclam-Ausgabe als „Landespräsident" übersetzt. Der Buchdrucker Aslaksen, der die politischen Geschehnisse im *Bund der Jugend* maßgeblich beeinflusst, wirkt in ähnlicher Weise als Vorsitzender des Hausbesitzerverbandes und – ironische Zutat Ibsens – als Delegierter des Mäßigkeitsvereins im *Volksfeind* (33).

1877 *Stützen der Gesellschaft*: In diesem Stück sind zahlreiche spätere Konflikte vorgeprägt, werden aber „glücklich" gelöst. Dina Dorf bricht aus belastender familiärer Atmosphäre aus und trennt

---

27 Heinrich Bulthaupt: *Dramaturgie des Schauspiels* (Ibsen). Oldenburg und Leipzig: Schulzesche Hof–Buchdruckerei und Verlagsbuchhandlung, 1914 (7. Auflage), 4. Band, S. 52
28 Vgl. Bernhardt, *Henrik Ibsen und die Deutschen*, S. 135 ff.

sich von ihrem Bräutigam, dem Adjunkten[29] Rørlund, einem Lehrer, der im *Volksfeind* hinter der Szene wieder anwesend ist und Stockmanns Sohn Morten unterrichtet (18).

1879 *Ein Puppenheim (Nora)*: Nora bricht aus einer Ehe aus, die ihren Sinn verloren hat. Sie lässt die Konventionen der bürgerlichen Ehe hinter sich.

1881 *Gespenster*: Nach dem *Puppenheim* fragten die Leute: „*Ja, aber die Kinder?' ... Wie soll es ihnen ergehen? Es ist doch unverantwortlich, wenn eine Mutter ihre Kinder verlässt?' Ja, die Kinder; glaubt man vielleicht, es ginge ihnen besser, wenn eine solche Ehe weitergeführt würde?'", entgegnete Ibsen mit einer neuen Frage. Diese neue Frage waren die ,Gespenster.'*[30]
Frau Alving bleibt in einer moralisch verkommenen Familie und deckt deren Zustand, ohne etwas retten zu können.

1884 *Die Wildente:* Die Ekdals haben sich in der Lebenslüge eingerichtet, jeder Versuch, sie mit Wahrheiten bekannt zu machen, wie es Gregers Werle mit seiner „idealen Forderung" unternimmt, muss sie und ihr bescheidenes Idyll zerstören. Das Opfer ist eine der schönsten Kindergestalten der Literatur, Hedwig Ekdal. Das Stück ist die Antithese zu *Ein Volksfeind*. Ebenso engagiert wie Tomas Stockmann die Wahrheit durchsetzen will, versuchen die Ekdals, gerade diese zu vermeiden.

---

29 „Adjunkt", heute in Deutschland veraltet, ist ein niederer Beamter bzw. ein Gehilfe eines Beamten; heute würde man ihn als „Referendar" bezeichnen.
30 Jaeger, S. 226

2. Textanalyse und -interpretation

2.1 Entstehung und Quellen

Der Betrachter wird vor die Schwierigkeit gestellt, eine kurze Entstehungsgeschichte vorzufinden und gleichzeitig hinter dieser leicht überschaubaren Entstehung die geistigen Prozesse von Jahrzehnten in verdichteter Form, oft auf die Metapher (die „freien, vornehmen Männer", 119, für das „dritte Reich") oder in das Symbol (das Bad als „Pesthöhle", 21) gebracht, vorzufinden. Darüber hinaus hat die Entstehungsgeschichte von *Ein Volksfeind* zwei unterschiedliche Anlässe:

1. Der eine Anlass war die allgemeine politische Entwicklung in Mitteleuropa nach 1848. Seit 1870 äußerte sich Ibsen brieflich und persönlich zu Themen wie Staat, Demokratie, Traditionen der bürgerlichen Gesellschaft bis zurück zur Französischen Revolution von 1789. Ausgelöst wurden Ibsens Überlegungen durch den Krieg Preußens und Österreichs gegen Dänemark 1864 und durch das Versagen des von Ibsen unterstützten Skandinavismus: „Durch unsere alte Geschichte müssen wir nun einen Strich machen."[31] Konturen nahmen Ibsens Ideen durch den Deutsch-Französischen Krieg von 1870/71 an. Der Zusammenbruch Frankreichs speiste die Hoffnung, die Forderungen der Französischen Revolution von 1789 könnten neues Gewicht und moderne Inhalte bekommen: „Das ist es, was die Politiker nicht verstehen wollen, und darum hasse ich sie."[32]

2. Der zweite Anlass war die Unfähigkeit der norwegischen Öffentlichkeit um 1880, Ibsens *Ein Puppenheim (Nora)* und *Gespenster* als Ergebnis und Abbild ihrer Zeit zu erfassen, nach-

---

31 Brief Ibsens an Bjørnstjerne Bjørnson vom 16. September 1864. In: SW 10, 33
32 Brief Ibsens an Georg Brandes vom 20. Dezember 1870. In: SW 10, 156

dem es auch schon zuvor Kritik an dem Dichter und seinem Werk gegeben hatte.

Nach Abschluss der *Gespenster* schrieb Ibsen an einer Autobiografie *Von Skien nach Rom*, von der nur wenige Seiten erhalten sind, darunter die, in der er auf seine Geburt im „‚Stockmanns Gaard‘, wie es damals hieß" (NS 1, 199), einging. Im November 1881 bot er seine Mitarbeit und Abschnitte aus der Autobiografie der neu gegründeten, links orientierten *Nyt tidskrift* (*Neue Zeitschrift*) an. Zum Jahreswechsel 1881/82 waren einige Seiten über die Kindheit in Skien abgeschlossen, als die öffentliche Erregung über die *Gespenster* Ibsen zornig werden ließ. Er nahm die Mit- und Zuarbeit bei der genannten Zeitschrift vorerst zurück: „Ich bin, was die Situation in Norwegen anbelangt, einigermaßen in Verwirrung geraten und muss Zeit haben, mich zu orientieren"[33]. Die Angriffe kamen von allen Seiten: von der konservativen Presse Dänemarks, von der liberalen Presse Norwegens, aus dem akademischen Bereich, von theologischer Seite und von sittlich entrüsteten Bürgern. Bereits nach den Angriffen auf das *Puppenheim (Nora)* hatte sich 1881 Ibsens Haltung so radikalisiert, dass das Gerücht verbreitet wurde, „nachdem er längere Zeit den politischen Kampf und die Polemik der Blätter verfolgt habe, sei er vollständig zur Linken übergegangen"[34]. Ibsen dementierte das. Anhänger der Rechten im Storthing (Parlament) griffen Ibsen wegen seiner Kritik an den bestehenden Verhältnissen und an der Moral des Christentums scharf an. Von einem dänischen Blatt wurde empfohlen, die *Gespenster* „möge(n) in die Kalkgrube geworfen werden, wo so etwas allein hingehöre"[35]. Ibsen antwortete mit *Ein Volksfeind* auf die Urteile, die *Ein Puppenheim (Nora)* und *Gespenster* von der Kritik und repräsentativen bürgerlichen, auch politischen Kreisen erfah-

---

33 Henrik Ibsen an Olaf Skavlan, einen der Herausgeber der *Nyt tidskrift*, am 24. Januar 1882. In: SW 10, 312
34 In einem Brief Ibsens an Hagbard Berner vom 14. Juli 1881. In: SW 10, 298
35 Brandes, *Henrik Ibsen*, S. 37

ren hatten. Die Genialität des Dramatikers Ibsen verdichtete authentische Vorgänge aus dem Material zum Typ (Tomas Stockmann als Kohlhaas-Typ) und schuf über den konkreten Anlass hinaus eine Parabel über den Umgang der bürgerlichen Gesellschaft mit Wahrheit, Freiheit und Gleichheit.

Presse

Ibsen empörte besonders die Presse, die seiner Meinung nach alle Bereiche, auch die der Kunst, einseitig dominierte. *Ein Puppenheim* hatte heftige Auseinandersetzungen in Norwegen, später auch in anderen Ländern ausgelöst. Nach den *Gespenstern* brach „ein Vulkan von Hass gegen den Dichter ... aus der heimischen Presse (aus). Er wurde verleumdet, verketzert, gescholten, als hätte er Kunst und Vaterland verraten"[36]. Ibsen beschäftigte sich seit dem Jahresbeginn 1882 mit dem Stück *Ein Volksfeind* und schloss eine erste Fassung am 21. Juni ab. Am 9. Juli reisten die Ibsens von Rom nach Gossensaß. Dort entstanden kurz hintereinander zwei Reinschriften, um besonders im Dialog eine größtmögliche Vollendung – wie sie sich Ibsen vorstellte – zu erreichen. Dabei ging es ihm um die sprachlich genauen psychologischen Begründungen. Die Arbeit an dem Stück wurde auch gegenüber der Familie zum Geheimnis; als seine Frau einen Zettel mit dem Vermerk fand: „Der Doktor sagt –" und ihren Mann nach diesem Doktor fragte, geriet der in Zorn und fühlte sich ausspioniert.[37] – In diesem Prozess der Reinschrift wird sich die ursprüngliche Wut zur Analyse kleinbürgerlichen Verhaltens gewandelt haben, in der sich auch die Figur Stockmann veränderte und zum großen Kind, zum törichten Revoluzzer und zum politischen Narren wurde.[38]

Am 9. September 1882 sandte Ibsen den 5. Akt an seinen Verleger und ging auf seine Beziehung zur Hauptgestalt ein: „Der Doktor

---

36 Lothar, S. 110
37 Vgl. den Bericht bei Paulsen, S. 166 f.
38 Einen vergleichbaren Blick auf die Entstehungsgeschichte warf Arno K. Lepke: *Who is Doctor Stockmann?* In: Scandinavian Studies, Bd. 32, Nr. 2, Menasha. Wisc., 1960, S. 60

Stockmann und ich kamen so vortrefflich miteinander aus. Wir harmonieren in so mancher Beziehung: aber der Doktor ist ein größerer Wirrkopf als ich und hat außerdem verschiedene andere Eigentümlichkeiten, denen man verschiedene Äußerungen aus seinem Munde zugute halten wird, die man am Ende nicht so ganz ruhig hingenommen hätte, wenn ich sie vorgebracht hätte." (SW 10, 317) Mündlich nannte Ibsen ihn einen „Strudelkopf und grotesken Burschen" (NS 4, 308). Keinesfalls sollte dieser Dr. Stockmann ein Abbild des Dichters sein. Als gleichzeitig Georg Brandes' Ibsen-Porträt[39] erschien, schrieb der Dichter begeistert an den Freund: „Sie werden dann auch verstehen, wie höchlich es mich freuen musste, dass Ihr Porträt von mir gerade jetzt unmittelbar vor dem Erscheinen dieser meiner neuen Arbeit herausgekommen ist." (SW 10, 318).

So schnell wie *Ein Volksfeind* ist kein anderes Ibsen-Stück entstanden; es gibt keine Entwürfe oder Studien. Am 16. März 1882 schrieb Ibsen seinem Verleger Frederik Hegel, das Stück werde „ein friedfertiges (freundliches) Stück, das von Staatsräten und Großhändlern und ihren Damen gelesen werden kann" (SW 10, 315). Der Verweis auf dieses spezielle Publikum signalisierte, dass das Gegenteil beabsichtigt war. Ibsens Ankündigung war sarkastische Ironie.

Handlung und Personenkonstellationen weisen auf den *Der Bund der Jugend* und *Stützen der Gesellschaft* zurück. Ibsen nutzte die bewährte und von der Kritik angenommene Anlage dieser früheren Stücke, um seinen Zorn über den Umgang der Kritik mit den folgenden Stücken – *Ein Puppenheim (Nora)*, *Gespenster* – im passenden Kleid zu veröffentlichen. Der Stücktyp sollte dem Publikum zeigen, dass der Dichter auf dessen Meinung gehört hatte; der Inhalt war aber eine scharfe Zurückweisung dieser Meinungen. Darüber hinaus entstand ein Stück, das weit über den

---

39 Brandes, *Zweiter Eindruck* (1882), in: Georg Brandes: *Das Ibsen-Buch*. Dresden: Carl Reißner, 1923

konkreten Anlass hinaus wirken sollte, setzte es doch die gesellschaftskritischen Themen früherer Stücke fort und verdichtete sie
zu einer gesellschaftskritischen Analyse. In der Sekundärliteratur
wird oft übersehen, dass Ibsen auch die Ideen Dr. Stockmanns
und die von ihm eingesetzten untauglichen Mittel kritischer Betrachtung unterzieht. –

Bereits am 3. Januar 1882 hatte Ibsen ausführlich an den dänischen Literaturwissenschaftler Georg Brandes geschrieben (SW
10, 305–308), der sich öffentlich für die *Gespenster* eingesetzt hatte. Ibsen beschrieb in diesem Brief aus seiner Sicht die politische
Situation in Norwegen und skizzierte da-

Kritikwürdiges

bei Kritikwürdiges, das inhaltlichen Ori-
entierungen und prinzipiellen Positionen des *Volksfeindes* entsprach:

– Die Kritik werde von „mehr oder weniger maskierten Theolo-
  gen besorgt ... Der praktische Geschäftsverstand dagegen leidet
  bei diesem Studium nicht so sehr. Deshalb sind die geistlichen
  Herren sehr oft ausgezeichnete Kommunalmänner, aber sie
  sind unbedingt unsere schlechtesten Kritiker." (SW 10, 306)

– Die Führer der „sogenannten liberalen Presse" redeten zwar
  von „Freiheit und Freisinn", machten sich „doch gleichzeitig zu
  Sklaven der mutmaßlichen Meinungen ihrer Abonnenten ...! Es
  bestätigt sich mehr und mehr, dass etwas Demoralisierendes in
  der Beschäftigung mit Politik und in dem Anschluss an Parteien
  liegt." (SW 10, 306) Die Aussage über die Abonnenten geht fast
  wörtlich in den 3. Akt von *Ein Volksfeind* ein (71).

– Ibsen lehnt es ab, sich einer Partei anzuschließen, die mit der
  Majorität im Bunde ist: „Unter keinen Umständen möchte ich
  mich je einer Partei anschließen, die die Majorität auf ihrer Seite hat. Ich meine, das Recht hat *der*, der am innigsten mit der
  Zukunft im Bunde ist." (SW 10, 306)

– Die Nichtstaats-Theorie wendet Ibsen auf sich an: „Ich habe
  kein Talent zum Staatsbürger, auch nicht zum Orthodoxen, und

wozu ich kein Talent in mir fühle, davon lasse ich die Hände. Für mich ist die Freiheit die höchste und erste Lebensbedingung. In der Heimat schert man sich nicht viel um die Freiheit, sondern nur um Freiheiten – ein paar mehr, ein paar weniger, je nach dem Parteistandpunkt." (SW 10, 307)

– Die Bestrebungen, eine demokratische Gesellschaft zu entwickeln, sieht er kritisch, denn dabei sei man dahin gekommen, „uns zu einer Plebejergesellschaft zu machen. Die Vornehmheit der Gesinnung scheint daheim in der Abnahme begriffen zu sein". (SW 10, 307) Mit seinem Helden Dr. Stockmann stimmt er in der Ablehnung einer formal und vernichtend gewordenen Demokratie überein, die eine manipulierte öffentliche Meinung (die Bürger im 4. Akt) zur Grundlage hat.

Die Grundsätze aus Ibsens Brief geben, werden sie Figuren aufgelegt, das Raster für *Ein Volksfeind* ab.[40] Stockmann wurde zur ironisch gebrochenen Übersteigerung eines realitätsfernen Wahrheitsanspruchs.

Ein auffallendes literarisches Vorbild ist Molières *Menschenfeind* (1666 uraufge-

> literarisches Vorbild

führt). Paul Schlenther hat darauf hingewiesen: „Beides sind moralische, aus der sittlichen Entrüstung geborene Komödien." (SW 7, S. XX). Ähnlichkeiten zwischen Ibsen und Molière wurden in der Sekundärliteratur immer wieder beschrieben[41], es wurden sogar Linien von Kleists *Michael Kohlhaas* über Otto Ludwigs *Der Erbförster* und Molières *Le Misanthrope (Der Menschenfeind)* bis zu Ibsens *Brand* und *Ein Volksfeind* entwickelt.[42] Ibsen führte als künstlerischer Direktor des Norwegischen Theaters in Kristiania auch ein Stück Molières auf. Die Ähnlichkeit der beiden Stücke entstand aus der moralischen Ähnlichkeit der beiden Helden Alceste bei

---

40 Brandes hat später in einer Anmerkung zu diesem Brief mitgeteilt, dass in ihm „der Keim zu ‚Ein Volksfeind'" liege. Vgl. Brandes, *Das Ibsen-Buch*, S. 120, Anmerkung

41 Woerner, 1. Bd., S. 178 f.

42 Woerner, 2. Bd., S. 8

Molière („Freimütig, offen sein, ist alles, was ich kann." 3. Aufzug, 7. Auftritt) und Dr. Stockmann bei Ibsen, Alcestes Protest gegen gesellschaftliche Konventionen („Ich bin im Recht – und mich verurteilt das Gericht!" 5. Aufzug, 1. Auftritt) und Stockmanns Vereinsamung. Sie stimmen typologisch überein, unterscheiden sich aber in ihrem Zeitbezug wesentlich: Während Molières Stück zeitlos wirkt („Was zählt denn heute Recht, Gewissen, Ehrgefühl?" 5. Aufzug, 1. Auftritt), ist Ibsens Stück von der zeitgenössischen bürgerlichen Gesellschaft und ihrer zunehmenden moralischen Verwahrlosung beherrscht.

politische Ereignisse

Auch politische Ereignisse fanden im *Volksfeind* ihren Niederschlag:

1. In Norwegen entstand 1879 ein Flaggenstreit, als die Linken sich anschickten, das Unionszeichen mit Schweden aus der Flagge zu entfernen. Durch den Parlamentarier Hagbard Berner (1839–1920), einen einflussreichen Abgeordneten der Linken und erfolgreichen Publizisten mit einer bemerkenswerten Politikerkarriere – Ibsen stand mit ihm in einem vertrauensvollen Briefwechsel –, wurde der Antrag eingebracht, aus der norwegischen Flagge das schwedische Unionszeichen zu entfernen. Auch Bjørnson setzte sich entschieden dafür ein. Ein empörter Mob warf bei Berner die Fenster ein. Dass Ibsen dieser Vorgang bewegte, machte er bei der Entstehung seines nächsten Stückes *Die Wildente* deutlich. Am 12. Juni 1883 schrieb er über unterschiedliche Interpretationen des *Volksfeindes* zwischen sich und Brandes und fügte schließlich hinzu, er sitze an einem neuen Stück, das „nicht einmal von der reinen Flagge handeln" (SW 10, 328) werde.

2. Der Apotheker Harald Thaulow (1815–1881), Vater des norwegischen Malers Fritz Thaulow, galt als Original, das die Welt verbessern wollte. Berühmt und berüchtigt wurde sein Kampf gegen die Aktiengesellschaft „Dampfküche" von 1872 bis 1881.

1874 hatte er in dem Zusammenhang eine „Wahrheitsrede" gehalten, worin er den Bericht der Direktion den tatsächlichen Verhältnissen gegenüberstellte. Ähnliches, nur noch anklagender, vollzog sich 1881 kurz vor seinem Tode in der Generalversammlung der AG. Der Vorsitzende der Versammlung sollte Thaulow das Wort entziehen, aber der widersetzte sich und es kam zu einem Disput, der dem 4. Akt von Ibsens *Ein Volksfeind* als Vorlage diente:

> *„Thaulow: Ich lasse mir nicht den Mund verbieten ...(Der Vorsitzende entzieht nach Zustimmung der Versammlung Thaulow das Wort, aber der liest weiter, R. B.) Das herrlichste Resultat der ,Christianiaer Dampfküche' ... Bin gleich fertig.*
> *Heftye: Auf diese Weise geht die Generalversammlung in die Brüche.*
> *Vorsitzender: Ich bedauere, Herrn Thaulow unterbrechen zu mussen. Sie sollen das Wort –*
> *Thaulow liest weiter.*
> *Heftye: Schweigen Sie – oder Sie müssen aus dem Saal."* (Vgl. NS 4, 310 ff.).

3. Im böhmischen Teplitz warnte um 1830 der Badearzt Dr. Meißner die Besucher des Bades vor der ausgebrochenen Cholera. Die Einwohner sahen dadurch ihre Einnahmen gefährdet und warfen dem Arzt die Fenster ein. Der Vorfall bekam literarische Bedeutung, weil er von dem einst bekannten Schriftsteller Alfred Meißner verbreitet wurde (s. S. 125 der vorliegenden Erläuterung).

Neben Gestalten aus dem eigenen Werk, die weitergeführt wurden, sind private Beziehungen und Begegnungen für das Stück wichtig. Bereits der Dichter Johan Sebastian Welhaven

private Beziehungen und Begegnungen

(1807–1873) wurde in Norwegen als „Volksfeind" bezeichnet[43], als er seinen Landsleuten wegen ihrer politischen Zerrissenheit und moralischen Indifferenz den Spiegel vorhielt. Ibsen schätzte Welhaven und nahm sein Gedicht *Der Seevogel* zum Ausgangspunkt des Stückes *Die Wildente*.[44] Zu den Vorbildern für Stockmann gehörten die Schriftsteller Georg Brandes – der das nicht bestritt –, Jonas Lie und Bjørnstjerne Bjørnson.[45] Sie waren geistig offen, aber naiv und wurden, oft nach heftigen Kontroversen, Skeptiker. Brandes sei arglos wie Stockmann gewesen, meinte Ibsen. Lie und Ibsen kannten sich aus der Jugend, waren befreundet und hatten beide die Heltberg'sche Studentenfabrik besucht. 1880 verbrachte Ibsen mit der Familie Lies einige Zeit in Berchtesgaden. Lie erschien Ibsen als Beispiel eines lebensunerfahrenen Menschen und Dichters, der seine Ideen mit Pathos, aber auch Übertreibung vortrug; diese Züge könnten auf Stockmann gekommen sein, „dessen Vorbild teilweise in Jonas Lies Persönlichkeit zu suchen ist"[46]. Dazu gehörte auch, dass der phrasendreschende Hilmar Tønnesen aus *Stützen der Gesellschaft* als Phrase die Gedichtzeile Lies „Die Fahne der Idee hochhalten" benutzte.

Die Beziehungen zwischen den beiden großen Dichtern Ibsen und Bjørnson waren von Zerwürfnissen und Annäherungen gekennzeichnet. Seit 1880 aber waren sie befreundet wie einst. Bjørnson hatte sich auch entschieden für Ibsens *Gespenster* ausgesprochen. Als Ibsen die ersten konzeptionellen Überlegungen zu *Ein Volksfeind* anstellte, schrieb er am 24. Januar 1882 an Olaf Skavlan: „Wahrlich, er (Bjørnson) hat eine große königliche Seele, und ich werde ihm das nie vergessen." (SW 10, 312). Mitten in den Abschlussarbeiten am *Volksfeind* gratulierte Ibsen dem Freund zum 25. Schriftstellerjubiläum und schrieb: „... in sei-

---

43 Vgl. Lothar, S. 113
44 Vgl. das Gedicht in NS 4, 314
45 NS 3, 308 f.
46 Paulsen, S. 167

ner Lebensführung sich selbst realisieren, das ist, meine ich, das Höchste, was ein Mensch erreichen kann." (SW 10, 316 f.). In der Stockmann'schen Lebensführung lässt sich bis zur Radikalität des politischen Kampfes vieles von Bjørnsons Lebensstil finden. 1934 spielte das Nationaltheater Oslo Ibsens *Ein Volksfeind* und Egil Eide trat als Tomas Stockmann in der Maske Bjørnsons auf.

Ibsens Vorstellungen von Majorität (in der zitierten Reclam-Ausgabe als „Mehrheit" übersetzt; vgl. dazu S. 80 f. der vor-

> Ibsens Vorstellungen von Majorität und Minorität

liegenden Erläuterung) und Minorität sind kompliziert. Er war der Meinung, dass eine „Minorität" des Volkes im „Besitz der politischen, kommunalen und sozialen Privilegien ist"[47] und die Majorität unterprivilegiert sei. Um das zu verändern, müssten sich „alle die Unterprivilegierten zusammentun" und Reformen durchsetzen, die von der Erweiterung des Stimmrechts über die Emanzipation der Frau bis zur Befreiung des Unterrichts von „allerhand mittelalterlichem Kram" reichen sollten (SW 10, 337). Er und Bjørnson unterschieden sich im politischen Wirken: Bjørnson, der auch praktischer Politiker sein wollte, musste sich an der Majorität orientieren; Ibsen reagierte auf den ständigen und zunehmenden Streit um seine Stücke mit dem Bekenntnis zur Minorität, die eine andere war als die der Politiker: „... ich meine die Minorität, die da vorangeht, wo die Mehrheit noch nicht hingelangt ist. Ich meine, das Recht hat der, der am innigsten mit der Zukunft im Bunde ist"[48].

Parallel zu den gesellschaftskritischen Gegenwartsstücken seit dem *Bund der Jugend* (1869) und angeregt durch den Deutsch-Französischen Krieg von 1870/71 beschäftigte sich Ibsen mit staatstheoretischen Fragen, die er auf die Französische Revolution von 1789 zurückführte. Deren Forderungen, gipfelnd in „Freiheit,

---

47 Brief an Bjørnstjerne Bjørnson vom 28. März 1884, SW 10, 336
48 Brief an Georg Brandes vom 3. Januar 1882, SW 10, 306

Gleichheit, Brüderlichkeit", sah er im Laufe des 19. Jahrhunderts durch die bürgerliche Gesellschaft inhaltlich entleert und in der Politik nicht mehr präsent. Deshalb verlangte er nach neuem Inhalt dieser Begriffe, die weniger politischen Konturen angepasst werden, sondern vom unabhängigen „Menschengeist" neu gefüllt werden sollten und einer neuen Staatsform, besser: Nichtstaatsform.

Ibsens Nichtstaats-Theorie schlägt sich auch im *Volksfeind* nieder, indem Dr. Stockmann als Arzt und Wissenschaftler ein eigenes Recht gegenüber dem Politiker Peter Stockmann einfordert. – Ibsen bezichtigte man zu verschiedenen Zeiten der antidemokratischen Haltung.[49] Das war ebenso falsch wie vereinfacht. Ibsen wünschte ähnlich Platon (428–348 v. d. Z.) die Demokratie und das sich in ihr entwickelnde Individuum – „ein gesinnungstüchtiger Volksfreund"[50] – durch einen „Adel des Geistes" und einen Vernunftstaat abgelöst. Es handelt sich dabei um die Idee, misslungene und erstarrte demokratische Strukturen durch den qualifizierten und unabhängigen menschlichen Geist – der Gedanke aus der Staatslehre Platons kann nur angedeutet werden – zu verändern und zu erneuern, durch eine „Aristokratie"[51] des Geistes – den Begriff „Adelsmenschen" verwendete Ibsen leitmotivartig in *Rosmersholm* – einen Vernunftstaat zu schaffen. Spätestens seit *Kaiser und Galiläer* waren diese Ideen bei Ibsen vorhanden und wurden von ihm als „treffliche Staatstheorie oder besser Nichtstaats-Theorie"[52] bezeichnet. Das Konzept der Theorie Ibsens wurde in die letzte Szene des

---

49 Besonders herausgestellt wurde das in der Zeit des Nationalsozialismus, aber noch Fergusons Ibsen-Biografie (1996, dt. 1998) überschrieb das 15. Kapitel „Der Antidemokrat" (S. 343).

50 Dieser Begriff, der mit Ibsens Tomas Stockmann korrespondiert, findet sich bei Platon: *Der Staat*. In: Platon: Sämtliche Werke, 2. Band. Heidelberg: Verlag Lambert Schneider, 1982, S. 312

51 Dieser bei Ibsen wichtige Begriff findet sich bei Platon, ebd., S. 291 ff. Ibsens Rosmer will „Adelsmenschen" dadurch erziehen, „dass ich die Geister frei mache und die Willen läutere" (*Rosmersholm*, SW 8, 30). Es ist das Programm, das Tomas Stockmann entwirft.

52 Ibsen in einem Brief vom 18. Mai 1871 an Georg Brandes, SW 10, 165

Volksfeindes aufgenommen: Die Erziehung der Kinder zu „freien, vornehmen Männern" (119) ist die Waffe gegen „Parteiführer, die man ausrotten muss" (118), die wie „all die Wölfe in den Wilden Westen" (120) gejagt werden sollen.

Dabei geriet Ibsen an die Grenzen seines Vorstellungsvermögens: Die Analyse des verseuchten Wassers und die zu ziehenden Schlussfolgerungen für das Kurbad überließ er dem dafür zuständigen Mediziner Stockmann; mit ihm öffnete er den Zugang zur wissenschaftlichen Betrachtung. Als der Mediziner die naturwissenschaftlichen Ergebnisse ins Soziale zu übertragen versucht, vergleicht er die Menschen mit Tieren (89 ff.). In Ibsens Epilog *Wenn wir Toten erwachen* schafft der Bildhauer Rubek menschliche Porträtbüsten, „in ihrem tiefsten Grunde sind es ehrenwerte, rechtschaffene Pferdefratzen und störrische Eselsschnuten und hängohrige, niedrigstirnige Hundeschädel und gemästete Schweinsköpfe, und blode, brutale Ochsenkonterfeis sind auch drunter" (SW 9, 187). Für Ibsen ist die Evolution des Menschen weder beendet noch am Ziele, sondern die Gefahr des Rückfalls ins Animalische ist nach wie vor vorhanden. Das erinnert wiederum an Cesare Lombroso (vgl. S. 19 f. der vorliegenden Erläuterung). Nach Ibsens Biograf Ferguson habe der Dichter in *Ein Volksfeind* persönlichen Ärger mit „ein wenig Sozialdarwinismus von Ernst Haeckel und Aspekten der von dem italienischen Gerichtsmediziner Cesare Lombroso entwickelten ‚Kriminalanthropologie'"[53] verrührt.

Stockmanns Rigorosität entspricht Kierkegaard'schen Forderungen[54], die auch in Brands „Alles oder Nichts" (*Brand*, 1865) herauslesbar waren. Allerdings war das keine Abhängigkeit, sondern eine parallele

Kierkegaard'sche Forderungen

---

53 Ferguson, S. 353
54 Søren Kierkegaard (1813–1855; Hauptwerk: *Entweder – Oder*) war einer der einflussreichsten Philosophen seit dem 19. Jahrhundert. Eine seiner Thesen lautete, dass das Individuum dem Dasein kritisch gegenüberstehen muss, wenn es sich darin behaupten will, und dass es damit zwangsweise in die Einsamkeit geführt würde.

geistige Entwicklung Kierkegaards und Ibsens. Wie Kierkegaards Auffassungen an Ibsen vermittelt wurden, ist nicht eindeutig geklärt. Möglicherweise hat sich Ibsen an journalistischen Beschäftigungen mit Kierkegaards Ideen informiert und durch Zeitgenossen von ihnen erfahren. Er vereinfachte Kierkegaards normierte Lebensstadien – die ästhetische, die ethische und die religiöse Existenz – und übertrug sie in die moderne Gesellschaftsdramatik. Auf diese Parallelität wies Georg Brandes hin und erklärte damit Ibsens Wirkung in Kierkegaards Heimatland Dänemark. Den *Volksfeind* habe Ibsen nicht nur mit dem „an Kierkegaard erinnernden Paradoxon: der ist der stärkste Mann der Welt, der allein steht" beendet, sondern er habe sich, „seitdem er *Brand* schrieb, nirgends so sehr in Kierkegaards Spuren bewegt wie hier. Aber was bei diesem ein Menschenalter zuvor verstorbenen großen Denker zu einer Lehre wurde, die in einem Leben erhärtet worden war, das ergibt sich in *Ein Volksfeind* durch das Zusammenspiel einiger lebensvoller Gestalten."[55] Das wies auch auf andere Einflüsse hin. Brandes meinte in *Brand* Kierkegaards „Lehre, sein Leben, sein(en) Tod" wiederzufinden[56]. Die Norweger irrten aber seiner Meinung nach, wenn sie in *Ein Volksfeind* „wieder nur Kierkegaard'sche Ideen" zu lesen meinten. Einmal habe Ibsen kaum Kierkegaard gelesen – was nicht stimmt, Ibsens Beschäftigung mit Kierkegaard ist nachweisbar – und sei mit dessen Denken durch Lammers, einen Schüler Kierkegaards und „eine Freiluftserscheinung, kein Stubengelehrter wie Kierkegaard", bekannt geworden. Zum anderen habe Ibsen „das Empfangene völlig nach seiner eigenen Persönlichkeit umgeformt"[57]. Ibsens Denken war von einer ausgesprochenen Rigorosität bei der Bestimmung geistiger Positionen bestimmt, ohne dass der Dichter in seiner Lebensführung oder in seinem Umgang diesen Charakterzug deutlich ausstellte.

---

55 Brandes, *Das Ibsen-Buch*, S. 145
56 Brandes, *Henrik Ibsen*, S. 20
57 Ebd., S. 21

2.2 Inhaltsangabe

Erster Akt

Im Hause des Badearztes Dr. Tomas Stockmann finden sich wie häufig (80) auch an diesem Abend die Mitarbeiter der Zeitung „Volksbote", Hovstad und Billing, zum Essen („eine Platte mit einem großen Stück Rinderbraten", 5) ein, das sich die Familie leistet, nachdem sie lange verzichten musste. Der hinzukommende Bruder des Badearztes, Peter Stockmann – „byfoged" (Stadtvogt) wurde als „Amtsrat" übersetzt, angemessener ist „Bürgermeister" –, übt Kritik am aufwendigen Lebensstil seines Bruders, zu dem er nur eine unterkühlte Beziehung unterhält und den er selten besucht. Auch früher gab es erhebliche Spannungen zwischen beiden, die vorwiegend aus der Diskrepanz zwischen der Idee vom Kurbad (Tomas) und ihrer Verwirklichung (Peter) entstanden waren.

Dr. Stockmann ist ein Artikellieferant für die örtliche Zeitung „Volksbote"; auch das stört Peter. Der vom Amtsrat gelobte Geist der aufblühenden norwegischen Küstenstadt, aber auch ihr Wohlstand, ist „durch unsere große gemeinsame Aufgabe" (7), das Kurbad, entstanden. Dadurch ist die „besitzende Klasse" (7) der Stadt wohlhabender geworden, die Wirtschaft hat sich entwickelt, Geld ist unter die Leute gekommen, „Gebäude und Grundeigentum steigen täglich im Wert" (7), die „Belastung der besitzenden Klasse durch die Armut ist um einen erfreulichen Grad verringert worden" (7) und die Arbeitslosigkeit ist gesunken. Die Beschreibungen des Amtsrates haben nichts an Aktualität verloren und könnten auch heute einen wirtschaftlichen Aufschwung beschreiben. Aber der Wohlstand ist brüchig und bedarf zu seiner Sicherung und Vergrößerung weiterer Konjunktur, die sich durch Nachfragen „nach Unterkunftsmöglichkeiten und dergleichen" (8) abzeichnet.

Als Dr. Stockmann als Initiator des Kurbades gelobt wird, das die positive Entwicklung in Gang gesetzt hat, widerspricht der Amtsrat: Sein Bruder hätte nur Ideen, aber „wenn etwas umgesetzt

werden soll, sind doch Männer von anderem Schlag gefragt" (8 f.).
Der Konflikt wird deutlich, noch ehe Dr. Stockmann die Bühne
betreten hat. – Der bringt, als er vom Spaziergang zurückkommt,
einen Gast mit, Kapitän Horster – dramaturgisch ein reduzierter
„Bote aus der Fremde" –, der am Ende als Einziger zu den Stockmanns hält und auch für Tochter Petra ein möglicher Partner
sein könnte. (Das allerdings wurde von Ibsen mehr behauptet
als im Stück angelegt; s. S. 74 der vorliegenden Erläuterung.) Dr.
Stockmann lädt den Bruder, den er anfangs übersieht, vergeblich
zum „Groggelage" (10) ein. Tomas setzt, anders als Peter, auf die
Jugend, „die die gärenden Zukunftsprobleme" (10) lösen wird,
und fühlt sich dabei „glücklich und zufrieden" (10). Die gespannte
Beziehung zwischen den Brüdern droht mehrfach in Streit umzu-
schlagen (13 f.). – Dr. Stockmann wartet unruhig auf einen Brief
und erklärt inzwischen dem Bruder, wie sich die Lebensumstände
der Familie seit ihrem Zuzug in den Badeort verbessert haben. Er
deutet auch an, dass es Unregelmäßigkeiten in „den gegenwärtigen
Verhältnissen" (13) des Kurortes gebe. Peter Stockmann warnt seinen Bruder – das ist das Anliegen seines Besuchs –, erneut eigene
Wege zu gehen; das passe nicht in eine „wohlgeordnete Gesellschaft" (13) und Tomas werde „dafür büßen müssen" (13). – Tomas
verlangt vom Redakteur Hovstad, mit der Veröffentlichung eines
vorliegenden Artikels zu warten. Die Tochter der Stockmanns,
Petra, bringt den erwarteten Brief, Stockmann zieht sich damit
zurück. In dieser Zeit sprechen Frau Stockmann, Petra, die Redakteure, Horster und die beiden Söhne der Stockmanns, Morten und
Eilif, über Arbeit und Bildung. Horster interessiert sich für Petras
umfangreiche Arbeit als Lehrerin an zwei Schulen, nebenbei übersetzt sie englische Erzählungen für die Presse. Morten hat von seinem Lehrer Rørlund – ein opportunistischer Lehrer aus *Stützen der
Gesellschaft* – gelernt, dass Arbeit eine Strafe für Sünden sei (18).
Das sich anschließende Gespräch enthüllt eine verkommene Gesellschaft, in der Arbeitsunlust gepredigt, „Unaufrichtigkeit" und

Unwahrheit (19) zu Hause gelebt und Lügen in der Öffentlichkeit verbreitet werden. Als Petra überlegt, eine eigene Schule zu gründen, bietet ihr Horster das fast leere Haus seines Vaters dafür an. – Der Brief aus einem Universitätsinstitut, bei dem Stockmann eine chemische Analyse in Auftrag gegeben hat, bestätigt Stockmanns Vermutung, dass das Wasser des Kurbades, im Brunnenhaus ebenso wie am Strand, durch Mikroorganismen verseucht ist. Die Mitteilung versetzt Stockmann in Euphorie, denn nun kann er sich um den Kurort richtig verdient machen und sich dem Bruder als ebenbürtig erweisen. Er will auf die Sanierung des Bades drängen („Sämtliche Wasserleitungen müssen neu verlegt werden", 23), gleichzeitig aber seinem Schwiegervater, der wie auch andere glaubt, Stockmann sei „nicht richtig im Kopf" (22), beweisen, dass er ein ernsthafter Denker ist, der schon bei Baubeginn auf die Gefahr hingewiesen hatte. Er schickt der Kurverwaltung, deren Vorsitzender sein Bruder ist, einen vorbereiteten Brief mitsamt der Analyse. Stockmann nimmt an, noch mehr zu erreichen: „Nun sollen sie alle nur kommen wie immer und sagen, dass das alles Hirngespinste und die Erfindungen eines Irren sind. Sie werden sich hüten müssen!" (20) Die Redakteure meinen, Stockmann müsste wegen seiner Entdeckung gefeiert werden; alle wünschen ihm Glück, nur bei Horster klingt eine leise Warnung mit: „Auf dass es Ihnen nur Freude einbringen möge." (24)

Zweiter Akt

Ein Brief vom Amtsrat eröffnet den Akt: Er kündigt sich an und schickt Tomas' Schreiben zurück. Tomas erwartet den Bruder unter falschen Voraussetzungen: Katrina empfiehlt, Tomas könne „die Ehre (der Entdeckung, R. B.) mit ihm teilen" (25). – Stockmanns Schwiegervater Morten Kiil, genannt der „Dachs", hat von dem verunreinigten Wasser gehört, glaubt aber, Stockmann wolle seinem Bruder einen Streich spielen. Da er selbst aus dem Vorstand der Kurverwaltung hinausgeekelt wurde, begrüßt er das.

Unterstützung bietet auch Hovstad mit der Presse an, die den realen Sumpf – den „giftigen Sumpf da oben im Mølletal" (29), der das Wasser des Bades verunreinigt –, metaphorisch zur Verwaltungskritik ausweiten will: „Der Sumpf, auf dem unser gesamtes Gemeindeleben basiert und in dem es verrottet." (29) Hovstad sieht den Sumpf in der Verwaltung der Stadt („einer kleinen Gruppe hoher Beamter", 29), nicht in der Majorität der Besitzenden, die der Drucker und Vorsitzende des Hausbesitzerverbandes Aslaksen in einer „kleine(n) Machtstellung" (33) vertritt und Stockmann Unterstützung anbietet: „eine geschlossene Mehrheit" (32; im Original „kompakte Majorität", vgl. dazu S. 80 f. dieser Erläuterung) könnte zum Beispiel „ein bisschen demonstrieren" oder einen „offenen Brief" (33) verfassen, „natürlich nur mit größter Mäßigung" (32). Bereits in den ersten Ankündigungen, durch Wiederholungen („Mäßigung, Mäßigkeit", 32 ff.) sarkastisch überhöht, wird der Opportunismus der fragwürdigen Verbündeten erkennbar, deren Gründe unterschiedlich sind: Morten Kiil sucht die private Rache, Hovstad die Aufwertung seiner Presse und seiner Person, Aslaksen steigende Einnahmen für seine Hausbesitzer und für sich. Um die Sanierung des Kurortes und die Gesundheit der Kurgäste geht es keinem. Das verkennt Stockmann, der Hovstad das Manuskript des enthüllenden Artikels übergibt. – Peter Stockmann, der Amtsrat, kommt, um über Tomas Stockmanns Bericht zu sprechen. Nachdem der Amtsrat erfahren hat, dass sich die Ausgaben für die Sanierung „auf mehrere hunderttausend Kronen belaufen" (39) werden und das Bad mindestens zwei Jahre geschlossen werden muss, wodurch die Nachbarorte die Gäste übernehmen würden, kommt eine Sanierung nicht in Frage. Stockmanns Absicht, das Kurbad sauber und gesund zu gestalten, stößt auf den Widerstand des Amtsrates. Da der Gewinn auf die wohlhabende Bevölkerung umgelegt wurde, hat die Verwaltung versäumt, während des Aufstiegs entsprechende Vorsorge für schwierige Zeiten zu treffen. Deshalb müssen Wahrheit und Fakten verschwiegen werden.

Hinzu kommt die Schuld des Amtsrates, während des Baus von Kurbad und Wasserwerk eine Veränderung der ursprünglichen Pläne Tomas Stockmanns durchgesetzt zu haben, die zu der Verseuchung geführt hat. Als der Amtsrat erfährt, dass die Öffentlichkeit durch die Presse informiert werden soll, setzt er Tomas unter Druck: Einmal entdeckt er ihm, dass seine Berufung zum Badearzt mit dem Ansehen des Amtsrates und Beamten zusammenhing, der verhindern wollte, dass sich seine „nächsten Angehörigen ... immer wieder kompromittieren" (42), zum anderen soll Tomas öffentlich sein Vertrauen zur Kurverwaltung erklären und die Gefahren durch Verseuchung und Vergiftung abstreiten. Der Amtsrat geht noch einen Schritt weiter, als sich Tomas widerspenstig zeigt: „Als Angestellter hast du kein Recht auf eine eigene Überzeugung." (44) Daraufhin bedroht Tomas den Bruder und beherrscht sich nur mühsam. Petra und Frau Stockmann, die hinter der Tür gelauscht haben, kommen hinzu. Peter droht mit Entlassung und bezeichnet den Bruder erstmals als „Feind der Gesellschaft" (46). Tomas geht auf den Bruder los, wird aber von den beiden Frauen zurückgehalten. Tomas' Frau Katrine mahnt zur Zurückhaltung und erinnert an die zurückliegenden Zeiten, „ohne Versorgung ..., ohne festes Einkommen" (48). Der Konflikt hat sich zugespitzt und wurde von der medizinisch-wissenschaftlichen auf die ökonomische und juristische Ebene getragen, wofür Tomas kein Verständnis aufbringt. Katrine warnt nochmals vor den Folgen seiner Handlungen. Schon ist Stockmann bereit, sich zu beugen. Als er aber seine beiden Söhne sieht, beschließt er, konsequent zu bleiben: „Niemals, und wenn die ganze Welt zerbricht, werde ich meinen Nacken unter dieses Joch beugen." (49) Während Frau Stockmann darüber verzweifelt, ist Tochter Petra begeistert.

Dritter Akt

Wie Dr. Stockmann in diesem Akt die Verbündeten auf sich einschwört – den Höhepunkt erreicht – und sie kurz darauf – die Peripetie, der Umschlag vollzieht sich – verliert, ist ein Schulbeispiel für das aristotelische Theater. Das verseuchte Wasser des Kurbades wird zum Bild der verseuchten Gesellschaft: Die örtlichen Ereignisse werden zur Allegorie der politischen Verhältnisse. Tomas wird zum Einzelkämpfer und genießt diesen Zustand. Er verlässt sein Thema und das Gebiet, von dem er etwas versteht, und greift das Gemeinwesen grundsätzlich an.

Ort des dritten Aktes ist das Redaktionsbüro des „Volksboten". Die Einrichtung suggeriert Unordnung und Unsauberkeit auch der Journalisten.

Hovstad und Billing sind von Dr. Stockmanns Artikel über die Verseuchung des Kurbades begeistert und sehen „die Revolution in greifbare Nähe gerückt" (50). Der Gedanke begeistert und wird wiederholt (51), ist aber ohne jeden Inhalt. Billing bedient sich bereits des Vokabulars der Sensationspresse: „Das Messer an die Gurgel" (52) und bejubelt später „Krieg" (53). Tomas kündigt eine Pressekampagne im „Volksboten" an und verfällt in Billings sensationshungrigen Ton: „... ich werde sie zu Boden schlagen, werde sie zermalmen" (53). Doch die Brüchigkeit der Koalition kündigt sich an: Als Aslaksen in der Druckerei nur das Wort „abgerissen" hört, wird er hellwach und sieht seine Klientel bedroht (52).

Tomas' Kampf gilt nun nicht mehr Wasserwerk und Kläranlage, sondern der Reinigung der Gesellschaft (54). Er wird von seinen Verbündeten „Volksfreund" (54) genannt. – Während Dr. Stockmann einen Kranken besucht und sein Manuskript gesetzt werden soll, wechseln die Verbündeten die Fronten: Zuerst bricht Aslaksen aus, den sein „Verantwortungsbewusstsein" (55) hindert, gegen die „örtlichen Machtträger" (55) vorzugehen. Er dämpft auch Billing, der sich bereits um eine Stellung in der Stadtverwaltung beworben hat, und weist ihn auf die Karriere Stensgårds hin, der schon im *Bund der Jugend* vorkam und inzwischen „Landespräsident" (56; besser: Regierungspräsident) geworden ist. Nachdem Aslaksen und Billing gegangen sind, kommt Petra und gibt Hovstad die englische Erzählung zurück, die sie nicht übersetzen möchte, weil sie ihren Überzeugungen widerspricht. Sie geraten in eine heftige Diskussion, als Hovstad zu erkennen gibt, dass er sich ihretwegen für die Vorschläge ihres Vaters einsetzt. Im weiteren Gespräch erweist er sich als geistig unbeweglicher, rückständiger Geist. Als sich Petra entrüstet und unversöhnlich von Hovstad distanziert und geht, ist eine weitere Stütze Stockmanns ins Wanken geraten. – Der Amtsrat kommt in die Redaktion und gibt sich verlogen verbindlich. Er spricht über den Artikel seines Bruders, von dem Hovstad nichts verstehen und auf dessen Drucklegung Aslaksen keinen Einfluss haben will (63). Der Amtsrat nennt die Kosten, die auf die steuerpflichtigen Bewohner der Stadt durch eine zusätzliche Kommunalabgabe zukommen werden, und kündigt eine zweijährige Schließung des Bades an. Hovstad und Aslaksen ändern sofort ihre Meinung: „... damit sieht die Sache ja ganz anders aus" (64). Als sie sich gerade für einen erklärenden Artikel des Amtsrates entscheiden wollen, kommt Dr. Stockmann zurück. Der Amtsrat versteckt sich, lässt aber seine Amts-Insignien (Hut, Stock) liegen. – Dr. Stockmann verkennt politisch und sozial die Situation und bittet die Presseleute, von Huldigungen für ihn abzusehen. Er sieht sich politisch in der Pflicht, sein Wissen zu veröffentlichen; sozial bezieht er sich „vor allem (auf) die besitzlosen Klassen" (67), für die sich weder die Presse noch der Verband der Hausbesitzer und gar nicht die Mächtigen interessieren. Nachdem auch Frau Stockmann dazu gekommen ist, um ihren Mann zurückzuhalten – er sei „so furchtbar leicht zu verleiten" (68) –, entdeckt Dr. Stockmann die Insignien des Bruders, legt sie an und holt ihn aus seinem Versteck. Während dem ahnungslosen Tomas bereits alle Möglichkeiten, aktiv zu werden, genommen worden sind, kündigt er an, den Amtsrat am nächsten Tag abzulösen. Nun fallen ihm seine ehemaligen Verbündeten vollständig in den Rücken, lehnen den Druck seines Artikels ab und bedeuten ihm, dass er und sein Artikel das Bürgertum ruinieren würden. Dr. Stockmann legt Hut und

Stock der Amtsperson wieder ab. Aslaksen lehnt es außerdem ab, Dr. Stockmanns Artikel als Flugblatt zu drucken; für eine von Dr. Stockmann angekündigte Volksversammlung wird ihm kein Raum zur Verfügung gestellt. Er beschließt, mit seinen Söhnen und Petra durch die Stadt zu ziehen und seinen Artikel öffentlich zu verlesen. In dieser Szene nimmt Tomas Stockmann die Rolle eines säkularen Messias ein, der predigend durch seine Stadt zieht und seine Wahrheiten verkündet. (Die Einwohner aber „ärgerten sich an ihm. Jesus aber sprach zu ihnen: Ein Prophet gilt nirgends weniger denn in seinem Vaterland und in seinem Haus", Matth. 13, 57.)

Vierter Akt (vgl. dazu S. 54 f. der vorliegenden Erläuterung)
In einem Saal von Horsters Privathaus, der wie ein Tempel ausgestattet wirkt („Wandlampen zwischen den Fenstern" u. a., 74), sammeln sich Bürger „aller Stände der Stadt" (74), auch die Familie Stockmann. Die Bürger sind unentschlossen, neigen aber zur Ablehnung Dr. Stockmanns, der hier „eine Rede gegen den Amtsrat halten" (74) will. Gegen Stockmann haben sich die Hausbesitzer unter der Führung Aslaksens und die Presse verschworen. Die Armen der Stadt spielen keine Rolle. – Als Tomas beginnen will, wird Demokratie gespielt – „der allgemeine Bürgerwille" (76) –, um die Rede zu unterbinden: Aslaksen wird zum Diskussionsleiter gewählt, der sofort das Wort ergreift und Tomas zur „Mäßigkeit" (77) ermahnt; der Amtsrat, dem Aslaksen das Wort erteilt, hält eine Rede, um Tomas' Vortrag zu verbieten, da er selbst bereits die „wesentlichen Fakten" (78) veröffentlicht habe; Hovstad gibt eine Klarstellung über die Rolle der Presse und seinen Bruch mit Dr. Stockmann ab. Tomas wechselt das Thema („Ich beabsichtige gar nicht, heute Abend von der Schweinerei im Kurbad zu sprechen.", 80 f.) und kann nicht mehr zum Schweigen verurteilt werden. Er spricht über seine „Entdeckung, dass alle Quellen unseres geistigen Lebens vergiftet sind und dass unsere gesamte bürgerliche Gesellschaft auf dem verpesteten Boden der Lüge aufgebaut ist."

(82) Er beschreibt die Unfähigkeit und „Dummheit der hohen Herren" (83) als „Überreste .... einer dahinsterbenden Welt" (84) und offenbart seine „große Entdeckung" (85): „Der größte Feind der Wahrheit und der Freiheit, das ist die geschlossene Mehrheit" (85). Seine Rede gipfelt in dem Satz: „Die Mehrheit hat die Macht – leider –, aber das Recht hat sie nicht." (86) Auch sei die Meinung falsch, dass die „Unwissenden und Unfertigen in der Gesellschaft" das gleiche Recht zu leiten und zu raten hätten wie die „geistig vornehmen Persönlichkeiten" (88). Tomas verliert seine Beherrschung, will seine verlogene Heimatstadt lieber zerstört und ihre Menschen „ausgerottet wie Ungeziefer" (93) sehen. Daraufhin wird er „Volksfeind" (93) genannt und durch förmliche Abstimmung der Bürgerversammlung einstimmig – nur ein Betrunkener ist dagegen – zum Volksfeind erklärt. Stockmanns Verhalten wird mit Alkohol, Wahnsinn und erblicher Geisteskrankheit erklärt (94). Stockmanns Schwiegervater Morten Kiil sieht sich ebenfalls von Tomas bedroht, denn dieser bezichtigt Kiils Gerberei, an der „Schweinerei" (95) der Verseuchung beteiligt zu sein. Nach der Bekanntgabe des Abstimmungsergebnisses bittet Stockmann Horster, ihn und seine Familie mit nach Amerika zu nehmen. Dann erreicht er den Höhepunkt, indem er sich blasphemisch über Jesus Christus, „eine gewisse Person" (96) stellt, nicht zur Vergebung bereit ist, sondern den Kampf nach Wikingerart, aber gestützt durch Bibel-Worte, aufnehmen wird: „Ihr werdet noch vom Volksfeind hören, bevor er sich den Staub dieser Stadt von den Schuhen streift (im Original: von den Füßen schüttelt)!" (96; vgl. Matth. 10, 14: „Und wenn euch jemand nicht aufnehmen und eure Rede nicht hören wird, so geht heraus aus diesem Hause oder dieser Stadt und schüttelt den Staub von euren Füßen.") Die „Menge" (97) brüllt dem sich entfernenden Stockmann „Volksfeind" nach und droht, ihm die Fenster einzuschlagen. Der Akt schließt satirisch überhöht: Billing zweifelt, ob er an diesem Abend bei Stockmanns seinen Grog trinken wird.

Fünfter Akt

Die Menge hat ihre Drohung wahr gemacht und die Fenster von Dr. Stockmanns Wohnung eingeworfen. Die Steine will er „wie ein Heiligtum hüten" (98). Die Wohnung wird ihm „aus Rücksicht auf die öffentliche Meinung" (99) gekündigt; Petra wird von der Schule entlassen, wegen der Rede Stockmanns und wegen ihrer „freie(n) Ansichten" (101). Auch Kapitän Horster hat seine Entlassung bekommen. Ebenso entlässt der Amtsrat Dr. Stockmann als Badearzt. Künftig eine Praxis in der Stadt zu führen, wird von der Hausbesitzervereinigung boykottiert, die „alle guten Bürger" (105) auffordert, Stockmann „nicht mehr zu konsultieren" (105). Wenn er aber wegginge, sich besinne und nach einiger Zeit wiederkomme, könne er wieder Badearzt werden. Der Amtsrat unterstellt schließlich sogar Manipulation: Die Familie Stockmann sei von Morten Kiil testamentarisch als Erbe eingesetzt worden und als Gegenleistung habe Stockmann seine Angriffe unternommen, um Kiils Rache an der Verwaltung durchzusetzen. Als der Amtsrat geht, erscheint Kiil, der inzwischen die fast wertlos gewordenen Aktien des Kurbades mit dem Geld des Erbes aufgekauft hat. Wenn nun Tomas bei seiner Meinung über das Bad bleibt, ist das Erbe verloren. Tomas Stockmann wird schwankend. Hovstad und Aslaksen kommen und unterstellen ebenfalls, Stockmanns Vorstoß hätte die Absicht gehabt, die Aktien in die Hände zu bekommen. Sie möchten beteiligt werden und stellen ihm als zukünftigen Leiter des Kurbades den „Volksboten" zur Verfügung. Ist er aber nicht dazu bereit, werden sie ihn wie einen Hasen hetzen: „Das ist das Gesetz der Natur, jedes Tier will sich erhalten." (115) Sie wenden Stockmanns pseudowissenschaftliche Theorie, die er auf der Bürgerversammlung geäußert hatte, auf ihn selbst an.

Die Szene füllt sich mit ironisch gebrochenen Episoden und Vorgängen aus dem biblischen Umfeld und mit variierten Bibel-Zitaten. Stockmann vertreibt Hovstad und Aslaksen mit seinem Schirm aus seiner Wohnung wie Jesus die Händler und Wechsler aus dem Tempel in Jerusalem (116; vgl. Matth. 21, 12). Amtsrat, Kiil, Hovstad und Aslaksen werden von Stockmann als „Boten des Teufels" (116) zusammengefasst. Ihnen will er nun sein „Tintenfass an den Schädel werfen" (116); er spielt auf eine Episode Luthers an, der auf der Wartburg einer Teufelserscheinung das Tintenfass nachgeworfen haben soll. Der Plan, die Heimat zu verlassen, wird nun aufgegeben; Horster bietet Hilfe an. Stockmann will in Zukunft seinen Mitbürgern ganz biblisch „predigen, wie es irgendwo geschrieben steht" (117), „dass die Liberalen die hinterhältigsten Feinde des freien Mannes sind" (118). Die beiden Söhne, die sich in der Pause mit Mitschülern geprügelt haben, werden von der Schule nach Hause geschickt und sollen einige Tage dem Unterricht fernbleiben; Tomas beschließt auch aus diesem Grunde, sich der Bildung der nächsten Generation zu stellen. Zwölf Jungen – wie die zwölf Jünger – will er „zu freien, vornehmen Männern erziehen" (119). – Das ist eine Anspielung auf Ibsens Vorstellungen vom „dritten Reich", denn diese Menschen gibt es nach Ibsens Vorstellung dort: Aus dem Zusammenbruch und dem Unheil entsteht ein Neubeginn auf dem Wege zur Vervollkommnung. – Wenn die Jungen erzogen sind, sollen sie „die Wölfe in den Wilden Westen jagen" (120); die Wölfe sind aber die „Parteiführer" (118). Tomas Stockmann macht schließlich eine letzte Entdeckung, dass „der stärkste Mann auf der Welt der ist, der ganz allein dasteht" (120). Da er sich kurz zuvor der Unterstützung seiner Tochter Petra und der Familie versichert hat, bleibt den beiden Frauen nur Mitleid mit dem Wirrkopf (s. S. 64 der vorliegenden Erläuterung). Die Ironie versinkt in Trivialität: Stockmann *„senkt die Stimme"*, *„sammelt"* die Seinen *„um sich und sagt vertraulich"* (vgl. die Regieanweisungen, 120). Die Szene wird zur Parodie eines Heiligenbildes, auf dem Dr. Tomas Stockmann als neuer weltlicher Messias zwar gerichtet, aber zur Auferstehung bereit, zwischen zwei Frauen, Katrine und Petra, steht.

2.3 Aufbau

Ibsen nannte das Stück Schauspiel, schwankte aber in der Gattung. An Jonas Lie schrieb er am 22. Juni 1882: „Ich bin noch nicht sicher, ob ich sie (die Arbeit, R. B.) als Lustspiel oder als Schauspiel bezeichnen soll."[58] Unter seinen zwei Dutzend Bühnenwerken gibt es nur zwei Komödien: Die *Komödie der Liebe* trägt die Gattungsangabe im Titel, *Der Bund der Jugend* wurde „Lustspiel" genannt. Bei *Ein Volksfeind* handelt es sich um eine Tragikomödie[59].

Tragikomödie

Ibsen machte sich um Gattungsbezeichnungen wenig Gedanken; ästhetische Theorien waren seine Sache nicht. Wenn er sich mit ihnen beschäftigte, verband er damit Inhalte. 1875 überarbeitete er sein erstes Schauspiel *Catilina* und erläuterte die Inhalte und den Charakter seiner Dichtung in einem Vorwort, das auf die meisten Stücke des Dichters zutraf, aber kaum eines entsprach dem so genau wie *Ein Volksfeind*: „So gar manches, was meine spätere Dichtung zum Gegenstand hatte – der Widerspruch zwischen Kraft und Streben, zwischen Wille und Möglichkeit, die Tragödie und zugleich Komödie der Menschheit und des Individuums –, tritt schon hier (in *Catilina*, R. B.) in schattenhaften Andeutungen hervor" (SW 1, 475 f.). Als Ibsen die erste Fassung von *Ein Volksfeind* beendet hatte, sah er das Stück zwischen „Lustspielcharakter" und einem „ernsten Grundgedanken"[60]. Tomas Stockmann erscheint als Idealist, aber er ist durch seinen verengten Blick und die undialektische Betrachtung der Umstände eine tragikomische, sogar komische Gestalt. Otto Brahm meinte nach der deutschen Erstaufführung 1887: „… eine Tragikomödie gestaltete er hier, die

---

58 Ibsen, *Dichter über ihre Dichtungen*, Bd. 10/II, S. 96
59 In der Ibsen kaum gerecht werdenden Abhandlung von Karl S. Guthke: *Geschichte und Poetik der deutschen Tragikomödie*. Göttingen: Vandenhoeck & Ruprecht, 1961 wird *Ein Volksfeind* nicht erwähnt, dafür *Hedda Gabler* als Tragikomödie gewürdigt.
60 Brief an Frederik Hegel vom 21. Juni 1882. In: Ibsen, *Dichter über ihre Dichtungen*, Bd. 10/II, S. 96

keiner hergebrachten ästhetischen Form sich einfügen will, sondern sich selber Regel gibt und Gesetz."[61]

Die Tragik liegt auf der Hand: Tomas Stockmanns Anspruch, Bad und Kurort zu sanieren, um Erkrankungen zu vermeiden, ist legitim, würde aber bei der Umsetzung den Ruin des Ortes als Kurort bedeuten. Peter Stockmann möchte den Kur-Charakter erhalten, kann aber dadurch nur bedingt sanieren und muss Erkrankungen in Kauf nehmen. Daraus entsteht ein ausgesprochen tragischer Konflikt, wie ihn Hegel beschrieben hat: Beide Seiten sind gleichermaßen im Recht, aber nur eine kann Recht bekommen. Da sich beide Seiten gegenseitig bedingen, wird beim Ausscheiden einer Möglichkeit auch die andere angegriffen bzw. zerstört. Auf den konkreten Fall angewendet bedeutet das: Ein Kurbad, das durch seinen Betrieb Krankheiten auslöst, hat keinen Sinn. Ein Kurbad, das wegen einer vollständigen Sanierung geschlossen wird, ist mindestens zeitweise ebenfalls sinnlos geworden.

Tomas Stockmanns Tragik hat noch einen zweiten Grund: Er vereinsamt in dem Maße, wie er die Gesellschaft kritisiert, und isoliert sich dabei sozial, ökonomisch und pekuniär. Dadurch verliert sein Idealismus die Grundlage für eine Verwirklichung. Das wird verstärkt durch den genialen dramaturgischen Einfall Ibsens, den leiblichen Bruder Dr. Stockmanns, der zudem alle Gegenkräfte organisiert, zum Gegner zu machen. Diese gesamte Tragik der zunehmenden Isolation und Feindschaft wird relativiert, aber auch ironisiert, indem der vereinsamende Tomas Stockmann von seiner Familie und Horster aufgefangen wird, ohne es zu merken oder wahrhaben zu wollen. Dadurch kann seine endgültig Isolation verhindert werden.

Die Komik liegt im unpraktischen, geradezu kindlich naiven und treuherzigen

---

61 Otto Brahm: *Theater. Dramatiker. Schauspieler.* Berlin: Henschelverlag Kunst und Gesellschaft, 1961, S. 172

Sinn des Badearztes und seinem ständigen Verkennen der Situation, auffallend seit dem 3. Akt, und dem ausbleibenden Untergang: Tomas Stockmann stößt mit seinem rigorosen Anspruch mit der realen Welt zusammen, geht aber nicht unter, sondern wird auf anderer Ebene wieder gegen diese Welt antreten. Peter Stockmann, der als Politiker eine machbare Politik betreiben muss, die der Realität entspricht, wird die vorsichtige Sanierung durchführen und so ein Kurbad mit gehäuft erkrankenden Kurgästen betreiben.

Das Schauspiel besteht aus fünf Akten, die nicht in Szenen unter-

1. und 5. Akt bilden einen bis ins Detail gefügten Gegensatz und Rahmen

gliedert sind.[62] Der 1. und der 5. Akt bilden einen bis ins Detail gefügten Gegensatz und Rahmen: Handelt der 1. Akt im Wohnzimmer bei Stockmanns, so der 5. Akt im Arbeitszimmer. Die Vorgänge haben sich von der Familie Stockmann auf den Badearzt Stockmann konzentriert. Statt Abend ist es im 5. Akt Vormittag, statt des nett eingerichteten Zimmers im 1. Akt herrscht nun „Unordnung", herbeigeführt durch absichtliche Zerstörungen. Wird beim 1. Akt nur auf Türen hingewiesen, die auf ein „offenes Haus" deuten lassen, so werden nun zerschlagene Fensterscheiben genannt. Im Gegensatz zu Ibsens anderen gesellschaftskritischen Stücken spielen hier unsichtbare Gestalten (Tote, Vaterfiguren usw.) keine Rolle und auch die ahnungsvolle Atmosphäre bedrückender Geheimnisse fehlt. Die äußere Handlung bestimmt den Ablauf; das ist ein grundlegender Unterschied zu *Ein Puppenheim (Nora)* und *Gespenster*. Das heißt nicht, dass die Vergangenheit nicht nachwirken würde; dies beschränkt sich aber auf die Gestalt Dr. Stockmanns.

dramaturgische Anlage des Stückes

Die dramaturgische Anlage des Stückes entspricht den aristotelischen klassischen Dramen. Fünf Akte sind bei Ibsen nicht

---

62 Die in der Übersetzung von Wilhelm Lange (Leipzig: Reclam, 1883) vorhandene Untergliederung in Szenen entspricht nicht dem Original.

immer vorhanden: *Ein Puppenheim (Nora)* und *Gespenster*, die Vorgängerstücke, haben drei Akte; *Die Wildente* als an den *Volksfeind* anschließendes Stück hat wiederum fünf Akte, *Rosmersholm* nur vier. Die Akte erfüllen die für sie vorgesehenen Funktionen: Der 1. Akt bietet die Exposition und führt in die Ereignisse ein; dabei erscheint Dr. Stockmann als der Retter der Stadt, dem man eigentlich einen Fackelzug bringen müsste. Im 2. Akt entwickelt sich das Geschehen. Wie im Intrigenstück der Franzosen, aber auch in Schillers *Don Karlos* bekommen Briefe – schon im 1. Akt –, dann auch Artikel, Berichte und Manuskripte im 2. und 3. Akt eine dominierende Funktion. Im Gegensatz zur Gegenwart hatte der Brief im 19. Jahrhundert eine zentrale Bedeutung und „verschaffte den Dramatikern und Romanschriftstellern manche brauchbare Intrige, die sie verwenden konnten"[63]. Erst durch die Französische Revolution von 1789 wurde das Briefgeheimnis juristisch bewertet und gesichert. – Im 1. Akt wartet Tomas Stockmann unruhig auf den Postboten; als der erwartete Brief eintrifft, enthüllt er die Verseuchung des Bades; weil er Stockmann jedoch erst spät erreicht, kann die gesamte Einführung geboten werden, gleichzeitig aber durch ständige Rückfragen nach dem Brief („... er hat in den letzten Tagen so oft nach dem Postboten gefragt.", 17) die Spannung steigen. Im 2. Akt bereitet ein Brief den Zusammenstoß der Brüder vor (25), nachdem sich Dr. Stockmanns Position nochmals gefestigt zu haben scheint: Nun geht es nicht mehr nur um die Verseuchung des Bades, sondern um die Verseuchung der gesamten Gesellschaft („Der Sumpf, auf dem unser ganzes Gemeindeleben basiert und in dem es verrottet.", 29). Ein offener Brief soll Stockmann danken (33). Auf dem Höhepunkt im 3. Akt schlägt die Stimmung gegen Tomas Stockmann um, nachdem man ihn anfangs als „Volksfreund" bezeichnet. Als der Amtsrat die für die

---

63 Peter Gay: *Das Zeitalter des Doktor Arthur Schnitzler. Innenansichten des 19. Jahrhunderts.* Aus dem Amerikanischen von Ulrich Enderwitz, Monika Noll und Rolf Schubert. Frankfurt am Main: S. Fischer, 2002, S. 306

Sanierung notwendigen Mittel ins Gespräch bringt, rücken alle von Tomas Stockmann ab und verweigern den Druck des Manuskripts. Das will er im 4. Akt in einem Saal verlesen, den ihm Horster zur Verfügung gestellt hat. Im 5. Akt schließlich kommt es zur Vereinsamung Stockmanns und seiner Familie; Wohnung und Arbeit werden gekündigt. Horster bietet eine Wohnmöglichkeit; Stockmann wird den Kampf aufnehmen und wie ein anderer Messias 12 Schüler um sich scharen.

4. Akt des Stückes

Der 4. Akt des Stückes ist eine in der Literatur seltene dramaturgische Erscheinung, dazu eine Meisterleistung. In der Regel finden sich im 4. Akt retardierende (verzögernde) Momente, sie halten die Handlung auf, rücken andere Lösungen in den Blick und prüfen Entscheidungen. Der 4. Akt gilt als der schwierigste Teil eines Dramas, weil die Gefahr besteht, dass das Interesse an der Handlung schwindet, „Zerstreuung und Zersplitterung der szenischen Wirkungen"[64] drohen. Empfohlen wurde deshalb – „das erste Gesetz für den Bau dieses Teils"[65] – die Zahl der Personen so gering wie möglich zu halten. – Ibsen ging einen völlig anderen Weg. Sein 4. Akt wurde wie ein in sich geschlossenes Drama als Massenspiel angelegt; das ist ungewöhnlich für Ibsens gesellschaftskritische Stücke. Gegliedert wird der Akt wie ein selbstständiges Schauspiel. Er weist fünf Abschnitte aus, die nicht bezeichnet, aber durch Auf- und Abgänge deutlich erkennbar sind. Im 1. Abschnitt werden die Vorbereitungen für die Rede getroffen; Stockmann wird von den anwesenden Bürgern im Gespräch indirekt charakterisiert; die Konflikte werden benannt. Ähnliches geschieht in Schillers *Wallenstein* durch das Vorspiel *Wallensteins Lager* oder in der 1. Szene in Goethes *Egmont*. Die Protagonisten der Handlung treten selbst nicht auf, sind aber Thema der Gespräche. – Stockmann erscheint zu Beginn des 2. Abschnitts (das erregende Moment). Aber der

---

64 Gustav Freytag: *Die Technik des Dramas*. Leipzig: Verlag von S. Hirzel, 1876, S. 114 f.
65 Freytag, ebd., S. 115

Vortrag Stockmanns wird verschoben, da man einen Diskussionsleiter wählen will, es könnte doch zu „divergierende(n) Meinungsäußerungen" (76) kommen. Stockmanns Vortrag, der nun beginnen könnte, wird erneut verhindert, indem der Amtsrat ihn verbieten lassen will. Daraufhin ändert Stockmann sein Thema, ein Betrunkener, der an die Luft gesetzt wird (81), beendet diesen Abschnitt. Nun beginnt Stockmann mit seiner Rede und eröffnet damit den 3. Abschnitt, der zum Höhepunkt führt: Nicht über die Verseuchung des Kurbades spricht er, sondern über den Sumpf der bürgerlichen Gesellschaft. Auf dem Höhepunkt seiner Rede erklärt er: „Der größte Feind der Wahrheit und der Freiheit, das ist die geschlossene Mehrheit." (85)[66] Empörung entsteht, aber Stockmann spricht unbeeindruckt weiter. Die Szene endet, indem der Diskussionsleiter Aslaksen vorschlägt, Stockmann zum „Volksfeind" zu erklären. Deutlicher kann eine Peripetie (Umschwung) im Drama nicht ausgestellt werden. Zu Beginn des 4. Abschnitts wird Stockmann das Wort entzogen. Ganz retardierend suchen Versammlungsteilnehmer nach Erklärungen für Stockmanns Rede: Trunkenheit, erblichen Irrsinn, Bosheit und Rache. Im 5. Abschnitt wird Stockmann zum „Volksfeind" erklärt (gewählt); nur der Betrunkene hat dagegen gestimmt. Horster verliert seine Arbeit als Kapitän, da er Stockmann den Saal zur Verfügung gestellt hat. Unter Drohungen und Verwünschungen verlassen Stockmann – der sich inzwischen mit dem Messias vergleicht und mit Auswanderungsplänen trägt –, seine Familie und Horster, der ihnen den Weg bahnt, den Saal. – Der 4. Akt ist wie ein eigenständiges Drama organisiert. Für die Gesamtheit des Stückes hat er keine retardierende, sondern eine spannungserhöhende Funktion, die den Höhepunkt des 3. Aktes nochmals übersteigt: Alles konzentriert sich auf Stockmanns Untergang.

---

66 In SW 7, 177 heißt es genauer dem Original entsprechend: „Der gefährlichste Feind der Wahrheit und Freiheit bei uns – das ist die kompakte Majorität."

Konflikt

Der Konflikt entsteht aus der unterschiedlichen Behandlung eines verseuchten Bades, stellvertretend für den Umgang mit dem Sumpf der Gesellschaft. Der Konflikt wird bereits in der Exposition deutlich und besteht zwischen den Brüdern Stockmann als Konflikt zwischen Geist und Tat, Idee und Verwirklichung, Entwurf und Realität. Er entwickelt sich zum Konflikt zwischen Familie und Gesellschaft. Anfangs nur auf das Kurbad bezogen, entwickelt sich der Gegensatz von politischer Möglichkeit und politischer Wirklichkeit. Der Konflikt bekommt eine besondere historische Qualität dadurch, dass Tomas Stockmann sein Weltbild aus den revolutionären Forderungen der Französischen Revolution 1789 herleitet, sein Bruder Peter aber eine kapitalistische Wirklichkeit vertritt, die für diese Forderungen keinen Raum hat. Mit Tomas schuf Ibsen eine Figur, „die den bourgeoisen Utopien von 1789 verpflichtet ist, die gleichzeitig jedoch die Unvereinbarkeit dieser Ideen mit der kapitalistischen Realität der Jahre um 1880 nicht einzusehen vermag"[67].

Im Unterschied zu früheren Werken Ibsens entsteht der Konflikt nicht aus einer analytisch erschlossenen Vorgeschichte, sondern aus den unterschiedlichen Charakteren und den unterschiedlichen politisch-ideologischen Einbindungen der Brüder Stockmann, von denen der eine ein freier Geist ohne die Grenzen von Machbarkeiten ist, der andere ein korrekter und pflichtbewusster Beamter, der sich nur an vorhandene Bedingungen hält. Die Konfliktgegner sind Brüder; so wird der ethische und soziale Konflikt zusätzlich emotionalisiert („Aber der Amtsrat ist doch sein Bruder.", 74). Die Konfliktgegner werden einerseits (Tomas) unterstützt von der Familie und einem Freund, andererseits (Peter) von der gesellschaftlichen Macht, Besitzenden der Stadt, der Presse und den öffentlichen Einrichtungen (Verwaltung, Schule).

---

67 Englert, S. 215

Die Einheit des Ortes, die in den *Gespenstern* und anderen Stücken Ibsens herrscht, wurde im *Volksfeind* aufgegeben: Neben unterschiedlichen Räumen in Stockmanns Wohnung (1., 2. und 5. Akt) sind die Redaktion des „Volksboten" (3. Akt) und ein Saal in Kapitän Horsters Haus (4. Akt) Handlungsorte. Dieser Wechsel ist für Ibsen ungewöhnlich, erinnert an die Dramatik Shakespeares und hat seine Ursache: Mit diesem Wechsel wird räumlich auf die unsichere Lebenssituation Tomas Stockmanns hingewiesen. Während er seinen Bruder bedauert, dass der „kein Zuhause" (14) habe, gerät sein eigenes Heim in Gefahr. – Die Räume haben wie immer bei Ibsen eine dramaturgische Funktion: Einmal weisen die Räume des 3. und 4. Aktes auf die Ausweitung der privaten Handlung zu einer gesellschaftlichen Handlung hin; dass es dabei zum Zusammenstoß zwischen beiden kommt, erfährt der Leser/Zuschauer später. Indessen deutet der Zustand des Raumes im 5. Akt das Geschehen an. Zum anderen sind die Räume so beschrieben, dass sie auf die moralische Qualität ihrer Bewohner hinweisen: Stockmanns Wohnung ist einfach und nett eingerichtet, wenn sie in Unordnung gerät, sind äußere Ereignisse schuld. Der öffentliche Raum der Presse dagegen ist „dunkel und ungemütlich, die Möbel sind alt, die Sessel schmutzig und zerlöchert" (50). Bereits mit dieser Beschreibung wird suggeriert, dass der Sauberkeit und Freundlichkeit bei Stockmanns der Schmutz und die Verwahrlosung der öffentlichen Einrichtungen, insbesondere der Presse, gegenüberstehen. Im 4. Akt kommt es zum Zusammenstoß beider Haltungen, die sich in den Räumen niederschlagen. Es gehört zu den bemerkenswerten Einfällen Ibsens, wie er diesen 4. Akt ausstattet: „Ein großer altmodischer Saal im Haus des Kapitän Horster" (74). Das nimmt die Einrichtung des Pressebüros auf, allerdings in sauberem Zustand. Die offenen Türen, die Leuchter und die Requisiten für einen Vortrag setzen die Ordnung der Wohnung der Stockmanns fort.

Einheit des Ortes

ausführliche Raum- und
Einrichtungsbeschreibungen

Ausführliche Raum- und Einrichtungsbeschreibungen nehmen den Charakter
eigenständiger Prosatexte an. Die Hand-
lung spielt auf einer sogenannten „Guckkastenbühne": Es fehlt
die vierte Wand, dadurch kann der Zuschauer in die Wohnung
hineinsehen. Das Wohnzimmer bei Stockmanns hat viele Türen;
eine davon führt ins Esszimmer. Sie steht offen und so kann der
Zuschauer in ein „offenes" Haus blicken, Hinweis auf die Gast-
freundschaft der Stockmanns. Es ist viel Licht (Lampen) in den
Räumen. Zu Beginn des 2. Aktes wird darauf hingewiesen: „Die
Tür zum Esszimmer ist geschlossen." (25); die Freundlichkeit der
Stockmanns hat ihre Grenzen gefunden. Bei der Beschreibung
des Arbeitszimmers im 5. (letzten) Akt werden Fenster genannt;
„deren Scheiben alle zerschlagen sind" (98). Der Zuschauer ahnt
dahinter eine konturenlose feindliche Außenwelt, Hinweis auf
die den Stockmanns entgegengebrachte Ablehnung. – Diesen drei
zusammengehörigen Raumbeschreibungen stehen zwei andere
gegenüber: Im 3. Akt hat das Redaktionsbüro ebenfalls Türen und
Scheiben, strotzt aber von negativen Akzenten: dunkel (im Original: „skummelt" = düster, unheimlich), ungemütlich, schmutzig, zerlöchert, alte Möbel (vgl. 50). Aus einem solchen Raum ist
nichts Gutes zu erwarten. Einen Gegensatz dazu bildet der Saal im
Hause Horsters im 4. Akt: Er ist groß und altmodisch, wiederum
ermöglicht „eine offene Flügeltür" (74) den Blick in einen anderen
Raum, hier in einen Vorraum; zahlreiche Lampen spenden Licht
und signalisieren eine gewisse Geborgenheit, die Horster den
Stockmanns garantiert. Deshalb verlagern sich die Angriffe auf
die Stockmanns auch auf die Straße, „der Lärm setzt sich draußen
fort" (97). Die Räumlichkeiten sind scheinbar alltäglich, erfüllen
jedoch eine wichtige dramaturgische Funktion für die Vermittlung
der Handlung. Sie suggerieren Offenheit und Feindschaft, Licht
und Dunkel und setzen dadurch optisch Akzente.

Die Einheit der Zeit (hier: ca. 42 Stunden, 1. Akt ab ca. 18.00 Uhr, 2.–4. Akt: Einheit der Zeit der nächste Tag vom Morgen bis Mittag, am Nachmittag und am Abend; 5. Akt: der nächste Tag bis Mittag) folgt aristotelischen Vorgaben, die einen Sonnenumlauf/einen Tag, auch um einige Stunden erweitert, zuließen. Das war ursprünglich den Möglichkeiten der Aufführungen verpflichtet, die mit Tageslicht auskommen mussten. Später legten die Dramatiker des klassizistischen und des naturalistischen Theaters Wert auf die Einheit der Zeit, um abgebildete Wirklichkeit und Bühnengeschehen möglichst nahe an eine Zeitdeckung heranzuführen und Wirklichkeit auf der Bühne zu simulieren.

Es handelt sich um kein ausgeprägt analytisches Enthüllungsdrama, wie sonst kein ausgeprägt analytisches Enthüllungsdrama bei Ibsen, vergleichbar den griechischen Enthüllungstragödien (Sophokles, *König Ödipus*, 429 v. d. Z.). In ihnen wird auf der Bühne der Abschluss eines längeren Geschehens gezeigt, alle anderen Vorgänge liegen in der Vergangenheit und müssen erschlossen werden. *Ein Volksfeind* hat einen Vorgang, der andeutungsweise analytisch aufgearbeitet wird:

Peter Stockmann ist gegenüber Tomas Stockmann in einer komfortablen Situation, indem er ihn aus einer schwierigen Situation erlöst hat: Tomas Stockmann hat seine Geburtsstadt als junger Mann verlassen (82), vermutlich um zu studieren. Dann hat er viele Jahre „in einem schrecklichen Nest" (82) im Norden einsam gelebt. Er hat „so gut wie nie" (11) andere Menschen getroffen und war „ausgeschlossen"[68] (12; im Original: „utestengt" = ausgesperrt). In der entbehrungsreichen Zeit entwickelte er seine Vorstellungen und Ideen über die Kuranlage der Stadt, auch „einige Unwetter" (15) musste er durchleben. Dann gab ihm das „Schicksal" die Möglichkeit, dass er „zurückkehren durfte" (83). Die Gründe dafür sind unbekannt und nur zu ahnen: Immer wieder ist von Stock-

---

68 SW übersetzt treffender „Verbannung" (SW 7, 103).

manns Unbesonnenheit die Rede, die ihn in solche Situationen gebracht habe. Peter Stockmann als Beamten ist es peinlich, dass seine „nächsten Angehörigen sich immer wieder kompromittieren" (42). Aber Tomas Stockmann hat die isolierte Situation genutzt, um über die Möglichkeiten der Stadt als Badeort zu schreiben, und war „der Einzige, dem das damals klar war" (43). Der Bruder hat ihn in die Stadt geholt, um weitere Kompromittierungen zu vermeiden und unter dem Gesichtspunkt, dass nun der Zeitpunkt für das Kurbad gekommen sei. So war der Aufenthalt im Norden eine Folge von Unbesonnenheit: „Du hast einen unruhigen, streitbaren, aufrührerischen Charakter." (42) Auch Leichtsinnigkeit spielte wahrscheinlich mit, die der Amtsrat dem Bruder vorwirft: Dazu gehöre der geradezu unkontrollierte Hang, sich unaufhörlich öffentlich zu Wort zu melden, ohne die Konsequenzen zu bedenken (42). Er kritisiert aber auch den Luxus, der bei Stockmanns betrieben wird; auch Katrine wirft ihrem Mann vorsichtig Leichtsinn vor, indem sie ihm mitteilt, dass er „fast so viel verdiene" (12), wie sie „verbrauchen". Sie warnt später ihren Mann, verharre er in seinem Stolz, „dann stehst du wieder ohne Versorgung da, ohne festes Einkommen" (48). Anspielungen des Bruders deuten auf früheres Fehlverhalten hin, das möglicherweise auch politischer Natur war: Der Amtsrat wirft dem Bruder vor, er habe die Regierung stürzen wollen (42), und führt das später aus („Du willst deinen Vorgesetzten ans Leder – das ist bei dir nichts Neues.", 43; im Original: ans Leben); davon ist jedoch im Zusammenhang mit dem Kurbad keine Rede, vielmehr versucht Tomas die Regierenden zu verteidigen (30). Es kann sich nur um ein früheres Vorkommnis handeln. Peter Stockmann hält seinem Bruder auch vor, einst eigene Wege im Widerspruch zu „einer wohlgeordneten Gesellschaft" (13) gegangen zu sein. Da sich Stockmann nicht unterordnen könne und das „anscheinend niemals lernen" (13) werde – Hinweis auf das frühere Vorhaben, die Regierung zu stürzen? –, müsse er dafür büßen. Tomas Stockmann hat eine undurchsichtige Vergangenheit, er „musste" „im Norden in diesem Nest hocken" und musste von „Hungerfütterung" (sulteforing, nicht „Hungerlohn", 11) leben. Auch bei den Söhnen sind schon wieder Züge von Leichtsinn festzustellen; Eilif hat seinem Vater vermutlich Zigarren gestohlen (15). Solche Details werden bei dem scharfsinnigen Analytiker Ibsen immer gezielt eingesetzt. Aber die analytische Struktur wird nicht ausgebaut: Dr. Stockmanns Vergangenheit bleibt unklar und dient lediglich dazu, ihn problemlos ausschalten zu können.

Eine unerlässliche Gestalt des analytischen Dramas ist der Bote aus der

> Bote aus der Fremde

Fremde. Durch ihn werden „Zufälle" ausgelöst. Er tritt in eine in sich ruhende Handlung ein und stört das Gleichgewicht, da er aus der Vergangenheit zusätzliches Wissen einbringt. Durch diese Boten wird die Alltäglichkeit zur Besonderheit. Reste einer solchen Anlage sind bei Horster, dem Kapitän, zu finden; er ist „fast nie zu Hause" (117), sondern in der Welt unterwegs. Stockmann hat ihn zufällig getroffen und ihn, obwohl er nicht wollte, mit nach Hause genommen (9). Horster steht vor der Abreise nach Amerika, Kenntnisse der Heimatstadt hat er nicht, aber er kennt Stockmann und mag dessen Tochter. Ähnlich wie Stockmann hält er von einem demokratischen Leben wenig: „Das mag an Land richtig sein, an Bord würde das nicht gutgehen." (16) So ist er einerseits dramaturgisch ein reduzierter Bote aus der Fremde, andererseits steht er für einen anderen Lebensweg Stockmanns in der neuen Welt bzw. bietet er ihm einen Kampfplatz in seinem Hause, in der alten Welt, auch einen Raum für den Unterricht der Kinder zu „freie(n) und vornehme(n) Männer(n)" (119).

Die Ironie, die das Stück vom Titel bis zum Ende durchzieht, ist nicht zu über-

> Ironie

sehen; dennoch haben einige Übersetzer sie vernachlässigt oder nicht erkannt. Auch eine erste Rezeptionsphase bis 1900 hat sie nicht aufgenommen. Den Höhepunkt der ironischen Gestaltung wird in der Schluss-Szene erreicht: Tomas Stockmann, von allen verdrängt und ausgestoßen, entschließt sich zu einer neuen Aufgabe, der Bildung und Erziehung von zwölf Jungen. Dazu benötigt er die Hilfe des Kapitäns Horster, der ihm sein Haus zum Wohnen und den Saal als Unterrichtsraum zur Verfügung stellen soll, seine Söhne werden ihm die Schüler beschaffen und da er den Unterricht nicht allein oder gar nicht bewältigen kann, versichert er sich nachdrücklich der Unterstützung seiner Tochter Petra, die eine erfolgreiche Lehrerin ist. Diese erklärt sich bereit: „Ja, Vater, darauf kannst du dich verlassen." (119) Und seine Frau wird ihm die zerrissene Hose flicken, ohne die er nicht in die Stadt gehen kann („Sobald meine Hose geflickt ist", 117), eine geradezu sarkastische Zuspitzung des Geschehens. Obwohl Stockmann ohne diese Menschen nichts bewirken könnte, verkündet er eklatant widersprechend seine neueste Erkenntnis, der sei der stärkste Mann auf der Welt, „der ganz allein dasteht" (120). Diese Aussage wird auch dadurch konterkariert, dass Tomas anfangs große Bemühungen anstellt, um möglichst viele, vor allem junge und strebsame Menschen um sich zu sammeln, ganz im Gegensatz zu seinem Bruder, am Ende aber gerade die Unterstützung dieser jungen Leute von Horster bis zu seinen Söhnen übersieht. Oft schlägt Ironie in Satire um und befördert die dramatische Entwicklung, wird aber nie Karikatur, vor der Ibsen auch nachdrücklich warnte.[69] Im 3. Akt hört Aslaksen zufällig in der Druckerei, wie Billing gegenüber Tomas Stockmann das Wort „abgerissen" (52) verwendet und meldet sich sofort zu Wort, denn es könnten das Kurhaus und damit seine Grundstücksbesitzer betroffen sein. Ähnliche Beispiele finden sich im bewegten 3. Akt häufig, so wenn der Amtsrat das heruntergewirtschaftete Redaktionsbüro als „gemütlich" und „richtig nett" (61) bezeichnet. –

---

69 An den Theaterleiter Hans Schrøder schrieb er vor der Uraufführung, „jede karikierende Übertreibung" sei „streng" verboten. In: Ibsen, *Dichter über ihre Dichtungen*, Bd. 10/II, S. 101

Für sich selbst hat Ibsen den Schluss-
satz Stockmanns als Maxime durchaus
in Anspruch genommen: Er fühlte sich

Schlusssatz Stockmanns
als Maxime

nach dem öffentlichen Verriss der *Gespenster* allein gelassen, von
der Presse abgeurteilt und verunglimpft, obwohl ihm Freunde wie
Georg Brandes an die Seite traten. Noch 1898 widmete er dem
Redakteur Heinrich Stümcke eines seiner Porträtfotos mit dem
Stockmann-Zitat: „Der stärkste Mann der Welt ist der, welcher
ganz allein steht. *Ein Volksfeind* Henrik Ibsen"[70].
Stümcke war Redakteur der Zeitschrift „Bühne und Welt", in der
das Foto Ibsens auch erstmals gedruckt wurde. Er hatte sich oft zu
Ibsens Werk geäußert, ihm auch seine eigenen Werke geschickt
und sich ausführlich, aber wie die meisten anderen auch kritisch
zur Inszenierung des *Volksfeinds* durch Stanislawski geäußert: „In
ein Pastellgemälde wird mit einem derben Ölpinsel hineinge
fahren; wo Ibsen leise andeutet, wird derbe unterstrichen."[71] 1906
hatte er einen erschütternden Nachruf auf Ibsens Tod geschrieben, in dem er den *Volksfeind* in die Tradition der *Kronprätendenten*
und des *Brands* stellte, die durch königliche Größe und Einsamkeit
gekennzeichnet werde: „Dr. Stockmann, der grimme Hasser der
Majorität".[72]

Dr. Stockmanns Realitätsverlust ist am
Ende des Stückes vollkommen gewor-

Stockmanns Realitätsverlust

den. Nähmen die Beteiligten seine Aussage, er wäre einer der
stärksten Männer auf der Welt, da er ganz allein dastünde, ernst,
wäre die gerade geplante Arbeit schon wieder zerstört. Aber die
beiden Frauen bedauern wegen dieser Aussage Tomas. Seine Ehefrau lächelt, eher mitleidig als bestätigend, und schüttelt über so
viel Unverstand den Kopf, die Tochter kann nur „getrost, tröstend"

---

70   Ibsen: *Brev*, I: Brevteksten, S. 448
71   Heinrich Stümcke: *Das Moskauer Gesamt-Gastspiel*. In: Heinrich Stümcke: Modernes Theater.
      (Deutsche Bücherei Band 82/83) Berlin: Verlag „Deutsche Bücherei", 1907, S. 179
72   Heinrich Stümcke: *Henrik Ibsen †*. In: ebd., S. 121

(„trøstig") seine Hände erfassen und „Vater" sagen. Am Ende des Stückes und „nach allen Irrtümern und Torheiten des Helden ist seine Schlussthese so stark kompromittiert, dass man Frau Stockmann versteht, wenn sie lächelnd den Kopf schüttelt und entgegnet: ‚Ach Du, Thomas!'"[73] Die Übersetzungen verschleiern die Haltung der Frauen gegenüber Tomas und bieten für „trøstig" an „mutig" (SW 7, 213), „aufmunternd" (120) oder „vertrauensvoll"[74] und für Frau Stockmanns „Å du Tomas –!" – eine Typisierung – „Ach, Tomas ...!" (120) oder „Ach Du, Thomas!" (SW 7, 213) oder dem Original am nächsten: „Ach Thomas! Du Kindskopf!"[75]. Dabei macht Frau Stockmann ihren Mann mit „Ach du Thomas –!" zum Typ „Thomas". Thomas war einer der zwölf Apostel bzw. Jünger, die Jesus begleiteten, der ungläubige Thomas. Er glaubte als Einziger nicht an die Auferstehung Jesu, bis er die Wundmale sehen und berühren konnte; Jesus mahnte ihn deshalb: „Selig sind, die nicht sehen und doch glauben." (NT Joh. 20, 29). Wenn Stockmanns Frau ihren Mann so bezeichnet, meint sie diese Sonderrolle, in der sich Stockmann nur auf sich selbst verlässt, ohne anderen zu vertrauen. Ibsen, 1898 nach dem Wahrheitsgehalt der Aussage Stockmanns vom „stärksten Mann" befragt, antwortete: „Ich bin nicht verantwortlich für all das Gewäsch, das er da anbringt."[76]

---

73 Bien, S. 239
74 Henrik Ibsen: *Dramen*, Bd. 1, S. 367
75 Ebd.
76 Ibsen, *Dichter über ihre Dichtungen*, Bd. 10/II, S. 107

2.4 Personenkonstellation und Charakteristiken

In den deutschen Übersetzungen sind die Namen der Figuren Ibsens manchmal verändert worden. So heißt Stockmanns Frau im Original wie in der Übersetzung, nach der zitiert wird, Katrine, in der deutschen Gesamtausgabe der Werke Ibsens (SW) „Käte" und in der Übersetzung Wilhelm Langes „Johanna".

Tomas Stockmann

ist geistig ähnlich Peer Gynt und Eilert Løvborg (*Hedda Gabler*). Sie sind schöpferische und ideenreiche Menschen, die allerdings wenig für die praktische Verwirklichung einbringen und – undiszipliniert – keine Rücksicht auf gesellschaftliche Normen nehmen. Als Tomas Stockmann zum Volksfeind „gewählt" wird (95 f.), beginnt für ihn ein neuer Lebensabschnitt, der zuerst mit der später aufgegebenen Auswanderung nach Amerika, dann mit einem messianischen, allerdings säkularen Bildungsvorhaben – 12 Schüler wie 12 Jünger – gekennzeichnet wird. Für Kurt Eisner (1867–1919), den ersten Ministerpräsidenten des von ihm ausgerufenen Freistaates Bayern 1918, „erwacht (Stockmann) von den Toten, indem er zum Volksfeind wird"[77]. Die erwachenden Toten seien für Ibsens Werke kennzeichnend.[78]

Die Beurteilungen Tomas Stockmanns durch Theaterpraktiker und Literaturwissenschaftler sind höchst unterschiedlich und gegensätzlich. Sie reichen von einer uneingeschränkten Idealisierung Stockmanns als Vorkämpfer für Wahrheit, Freiheit und Recht, „der ehrliche Wahrheitskämpfer"[79], über Stockmann, den anarchistischen Aufrührer und revolutio-

Beurteilungen Tomas Stockmanns durch Theaterpraktiker und Literaturwissenschaftler

---

77 Kurt Eisner: *Taggeist. Culturglossen*. Berlin: Edelheim, 1901, S. 306
78 Ebd.
79 Lothar, S. 113

nären Geist – so wurde er vor allem in Frankreich gesehen[80] –, bis zu Stockmann als uneinsichtigen Weltverbesserer und Narren. Franz Mehring nannte ihn einen „etwas wunderliche(n) Kauz ..., mehr ein eigensinniger Querkopf als ein geistiger Vorkämpfer, wie er denn mit der Devise, die er zuletzt verkündet, sich zum Tode durch Hunger verurteilt"[81].

Diese Charakteristik geht vom Text Ibsens aus. An keiner Stelle des Stücks bietet sich Tomas Stockmann „wie ein Held aus klassischen Tagen, zur Identifikation geradezu einladend"[82], an. Sein Realitätsverständnis ist auf die Häuslichkeit beschränkt, wird aber auch dort bei der ersten Aussage bereits problematisiert: Disziplin ist oberstes Gebot. Frau Stockmann sagt mit aller Zurückhaltung: „Sie wissen ja, wie wichtig Stockmann feste Essenszeiten sind ..." (5). Ist bereits diese Disziplinierung Frau Stockmann lästig, so wird jede weitere Aussage zu Stockmann ähnlich relativiert: Er ist nicht nur freizügig, sondern verschwenderisch (6). Als er schließlich kommt, erweist er sich als unaufmerksam gegenüber anderen Menschen: So hat er zwar Kapitän Horster „aufgelesen" und mitgebracht, aber nicht einmal gemerkt, dass dieser keinen Mantel anhat (9). Auch übersieht er seinen Bruder, der selten zu Besuch ist. Das Dienstmädchen ist für ihn namenlos (23, 98) bzw. durch negative Äußerlichkeiten individualisiert: „sie, sie, zum Teufel sie, die immer schmutzig um die Nase herum ist" (108), „die mit der schmutzigen Nase" (116), deren Namen „Randine" er sich nicht merkt, obwohl ihn seine Frau nennt (98). Er ist rücksichtslos – er bringt seiner Frau unangemeldet einen weiteren Gast mit – und dem Alkohol zugetan: Wenn sein Bruder die Einladung zu einem „Toddygelage"[83] ausschlägt, weiß er, was er

---

80 Vgl. Lothar, S. 115
81 Franz Mehring: *Henrik Ibsen*. In: Franz Mehring: Gesammelte Schriften, hrsg. von Thomas Höhle u.a., Berlin: Dietz Verlag, 1963, Band 12, S. 64 f.
82 Meyer, S. 66
83 Die Übersetzung, nach der zitiert wird, setzt für „Toddy" und „Toddygelage" – der bevorzugt mit Whisky hergestellt wurde – „Grog" und „Groggelage" (10). Grog ist zwar dem Toddy ähnlich, wird jedoch ursprünglich mit Rum gemacht, genießt aber in Skandinavien keineswegs die gleiche Anerkennung als Gesellschaftsgetränk.

tut, denn solche Gelage waren sprichwörtlich und wurden literarisch thematisiert wie die Toddy-Mischungen des schwedischen Dichters August Strindberg 1893 im Berliner „Schwarzen Ferkel".[84] Tomas Stockmann nutzt jede Gelegenheit, um Alkohol anzubieten, sogar gegenüber Aslaksen, dem Vertreter des „Mäßigkeitsvereins" (33 f.).

In einzelnen Zügen – fast in der Form eines ironisierenden Kommentars – ähnelt Stockmanns Rede im 4. Akt der Philosophie Nietzsches, die

> Philosophie Nietzsches

1881 mit *Morgenröte. Gedanken über die moralischen Vorurteile* hervorgetreten war. Ibsen hatte mit Nietzsche wenig im Sinn, obwohl er in Brandes einen engagierten Nietzsche-Kenner zum Vertrauten hatte. Er hatte aber so viel von ihm gehört[85], dass sich Stockmanns Ungebundenheit und Freizügigkeit mit Nietzsches Thesen vergleichen lassen, ohne dass sie voneinander abhängig sein müssten. Stockmann und Nietzsche verbindet die Ablehnung des ungebildeten Menschen, die beide bis zur Animalisierung dieser Menschen treiben; Stockmanns Rede mit ihren Beispielen aus dem Tierreich ist dafür ein deutliches Beispiel.

Peter Stockmann

ist der ältere (und nicht der „älteste", wie es in der Übersetzung heißt, vgl. 3) Bruder von Tomas. Er ist unverheiratet, „hat kein Zuhause, in dem er sich wohlfühlen kann" (14) und lebt spartanisch. Er regiert als Bürgermeister, Polizeichef und Vorsitzender der Kurbadverwaltung und ist dabei ein korrekter, geradezu pedantischer Beamter. Peter Stockmann sieht sich als Mann „von anderem Schlag" (9), der Realitäten schafft und sich nicht in zahllose Ideen, wie sein Bruder, verirrt. Menschen unterhalb seiner

---

84 Vgl. Rüdiger Bernhardt: *August Strindberg*. dtv portrait. München: Deutscher Taschenbuch Verlag, 1999, S. 85

85 Bei Nietzsches Tod 1900 sagte Ibsen in einem Interview, Nietzsche sei eine „eigenartige Begabung" gewesen, die auf Grund ihrer Philosophie unter demokratischen Verhältnissen nicht populär werden konnte. Samlede Verker (Hundreårsutgave), Oslo 1930, Bd. 15, S. 436

Ebene akzeptiert er nicht, „sie können ihre Taktlosigkeiten einfach nicht lassen" (9). Sein Charakter verhält sich zu dem seines Bruders wie die Kehrseite zur Vorderseite einer Medaille. Während Tomas Menschen um sich zu sammeln versucht und sich nur dabei wohl fühlt, will Peter der einsame Junggeselle sein. Ist sein Bruder der Ideenfinder, so ist Peter der Praktiker, der sie verwirklicht. Dabei verkürzen sich die Ideen auf das Machbare des ursprünglichen Entwurfs. Unter diesen Bedingungen ist aus Tomas' idealem Entwurf eines Kurbades die reduzierte, dadurch anfällige Version geworden, die im Stück in die Kritik gerät.

Kontrastsituation zwischen den beiden Stockmanns

Die über das Stück hinausreichende Kontrastsituation zwischen den beiden Stockmanns ist ihre gesellschaftliche Einbindung, die gegensätzliche politisch-soziale, letztlich aber ideologische Positionen ausweist: Peter Stockmann, familiär nicht gebunden, ist die Verkörperung des politisch-bürokratischen Standpunktes der Gesellschaft – kurz gesagt: des parteilichen Standpunktes der herrschenden Macht. In der konkreten norwegischen Ausprägung vertritt Peter Stockmann den Ibsen verhassten

Liberalismus

Liberalismus, der Ibsens Meinung nach in jeder bürgerlichen Macht vorhanden ist. Dieser Liberalismus zeichnete sich nach Ibsen – wie er in dem schon zitierten Brief vom 3. Januar 1882 an Georg Brandes ausführlich beschreibt – durch die Verwechslung von Freiheit und Freiheiten aus, durch fortwährenden Meinungswechsel nach der jeweiligen populistischen Wirkung, gelenkt von einer auf tiefem geistigen Niveau stehenden Presse, und durch die Abhängigkeit von Massenbewegungen, die individuelle Entwürfe zerstöre. Dabei seien es aber nur das Individuum und die Minorität, die wirkliche Entwicklung brächten. Tomas Stockmann dagegen ist in seine Familie eingebunden, auch wenn er das selbst nicht begreift; ohne diese Familie wäre er bedeutungslos. Ehe und Familie werden durch historisch entstandene Formen und gesellschaftlich geprägte Eigentumsformen bestimmt; die Familie ist – nach allgemeiner Übereinkunft – „die Zellenform der zivilisierten Gesellschaft, an der wir schon die Natur der in dieser sich vollentfaltenden Gegensätze und Widersprüche studieren können"[86]. In der Nachfolge von Ibsens *Ein Volksfeind* hat der Gegensatz von Tomas und Peter, von Familie und Gesellschaft und die Tatsache, dass in der bürgerlichen Familie die Besitzverhältnisse und die daraus entstandenen moralischen Grundsätze bestimmender als Gefühle wie Liebe und Zuneigung sind, Varianten geschaffen (Otto Ernst: *Die größte Sünde,* Hermann Bahr: *Die neuen Menschen, Die große Sünde*). Zudem wurde parallel zur Wirkung des Stückes eine heftige öffentliche Diskussion über die Emanzipation der Frau geführt, an der sich mehrere jener Schriftsteller (Julius Hart, Hermann Bahr, Paul Ernst usw.) beteiligt haben, die Variationen von Ibsens *Ein Volksfeind* versuchten.[87]

Katrine Stockmann

ist die gute Seele des Hauses. Zurückgesetzt und auf einen kleinen Wirkungskreis beschränkt erscheint sie anfangs wenig flexibel. Das ist sicherlich die Folge der von Tomas gesteckten Grenzen. Ehe und Zweisamkeit werden nicht, wie sonst bei Ibsen üblich, betont in Frage gestellt oder als Unterdrückungsbeziehung, Lügengespinst oder Gleichgültigkeit beschrieben. Dennoch spielt das Thema „Ehe" im Stück eine Rolle.[88] In ihr wird der übersteigerte Individualismus Stockmanns deutlich, der seine Frau sich kaum entfalten lässt, sie nicht ernst nimmt und sie sich nur als Hausfrau

---

86 Friedrich Engels: *Der Ursprung der Familie, des Privateigentums und des Staats.* Berlin: Dietz Verlag, 1953, S. 66

87 Vgl. dazu: Rüdiger Bernhardt: *Friedrich Engels als Richter im Streit um die Frauenemanzipation.* In: Äußerungen über Marx und Engels. Ergebnisse zweier Kolloquien, hrsg. von Thomas Höhle. Halle: Martin-Luther-Universität Halle-Wittenberg, Wissenschaftliche Beiträge 1988/22 (F 80), 1988, S. 85–100

88 Die Behauptung, dass die Eheproblematik in *Ein Volksfeind* keine Rolle spiele, weist auf eine ungenügende Kenntnis des Werkes hin. Vgl. Hans H. Hiebel: *Henrik Ibsens psycho-analytische Dramen. Die Wiederkehr der Vergangenheit.* München: Wilhelm Fink Verlag, 1990, S. 222

vorstellen kann („Geh heim, kümmere dich ums Haus", 68), wie seine Reaktion auf ihren Vorstoß im 3. Akt zeigt. Dennoch wird sie als Alternative zur „geschlossenen Mehrheit" (68) aktiv. Sie muss, wiederum eine satirische Zuspitzung, sich zum Mann machen, um wahrgenommen zu werden: „Dann will ich ihnen zeigen, dass ein Weib auch ein Mann sein kann, jedenfalls dieses eine Mal." (72). Katrine hält Haushalt und Familie zusammen und bringt jene Realität in die Handlung ein, die Tomas Stockmann fehlt. Sie ist in jeder Hinsicht ein pragmatischer Mensch, der auch mit den Verwirrungen des Mannes umzugehen weiß, wie das Ende mit dem mitleidigen Kommentar „Ach, Tomas ...!" (120; im Original „Ach du Thomas –!") für den abgehobenen Ehemann zeigt. Ihr Verhältnis zu ihrem Ehemann ist kompliziert: Sie wirkt als sachlich-verständige, regulierende Kraft zu Tomas Stockmanns Überschwang. Der allerdings bezieht seine Frau nicht einmal in die wichtigsten Fragen ein, die ihn beschäftigen; er spricht mit ihr nicht über die mögliche Gefahr für Kurort und Bad, die auch für ihn zur Gefahr werden kann. Als Tomas nach seiner Rede vor der Volksversammlung von allen verlassen wird, entscheidet gerade sie sich für ihn, nachdem sie am Ende des 3. Aktes seine Handlungen zwar gebilligt, sich aber nicht daran beteiligt hat; nun wird sie seinen Kampf versachlichen und ihn von Übersteigerungen frei halten. So sind ihre letzten Worte zu verstehen.

pragmatischer Mensch

Petra Stockmann

Idealgestalt eines jungen Mädchens

ist die Ibsen'sche Idealgestalt eines jungen Mädchens. Sie ist modern, gebildet, ohne ihre Emanzipation auszustellen. Sie folgt anfangs entschieden der Wahrheits- und Ehrlichkeitsliebe ihres Vaters, bis sie erkennt, dass er sich zu verirren beginnt und falsche Berater hat („Sie haben sowohl Vater als auch mich zum Narren gehalten", 60). Sie hat einen Blick für die Fragen der

Menschheit und ihre Bedeutung für das öffentliche Bewusstsein. Als Lehrerin steht sie in der Öffentlichkeit und wird dieser in anderer Weise gerecht als ihr Kollege Rørlund, der Arbeit zur Sühne für Sünde erklärt (18). Für sie ist Arbeit Lebensnotwendigkeit und Lebenserfüllung: Erst wenn man gearbeitet hat, ist man „hinterher so herrlich müde" (18). Arbeit ist auch die Voraussetzung für andere Beziehungen; es bleibt offen, ist aber ahnbar und nach Ibsens Meinung erwünscht, dass sie und Horster zueinanderfinden.

Die Redakteure des „Volksboten" Billing und Hovstad fühlen sich bei Dr. Stockmann wie zu Hause. So wird die Handlung eröffnet. Beide werben um Petra Stockmann: Billing orientiert sich an ihrer Mitgift, Hovstad will die Familienbindung für seinen Aufstieg nutzen. Das stellt die Charaktere schnell in ihrer Unvereinbarkeit mit der Stockmann'schen Familie bloß und degradiert sie zu schäbigen Mitgiftjägern und Strebern. – Der „Volksbote" ist eine

> schäbige Mitgiftjäger und Streber

opportunistische Zeitung mit liberalen Zügen: Ihre Gegner sind die „hohe(n) Beamte(n)" (29) und die staatlichen Beschränkungen, die „alten, störrischen Dickköpfe, die alle Macht an sich gerissen haben" (30). Kaschiert werden die durch individuelle Machtansprüche der Redakteure erweiterten Ziele mit der Behauptung, man setzte sich für die Befreiung „der Vielen, der Kleinen, der Unterdrückten" (31) ein, die allerdings während des gesamten Stückes für die Redakteure des „Volksboten" keine Rolle spielen. Sie sehen in den Hausbesitzern und Aslaksen einen ihrer Gegner, weil sie die „geschlossene Mehrheit" (35) darstellen, die ihnen nicht die gewünschte Entfaltung ermöglicht. Die beiden Redakteure tragen sprechende Namen: Billing erinnert an „bil-

> sprechende Namen

lig" (norw.: billig) und Hovstad an „Hauptstadt" (norw.: hovedstad), also an Karrierebewusstsein. Für einen Aufstieg fehlen ihm Voraussetzungen: Hovstad spricht als Journalist nicht einmal Englisch (58), was in Norwegen selten ist. Beide geben sich auch atheistisch (vgl. 18). Das macht sie für den säkularisiert messianischen Tomas Stockmann zu Partnern, bis er für sie zum „Volksfeind" wird. Ibsen hat für Hovstad eine genaue Anweisung gegeben, wie er zu spielen sei: Er stamme von armen Kätnern ab, sei ungesund aufgewachsen und habe unter vielen Mängeln gelitten: „Derartige Lebensbedingungen hinterlassen ihre Spuren nicht bloß in der inneren, sondern auch an der äußeren Persönlichkeit ... Unter allen Umständen muss Hovstad unter einem Druck leiden, seine Haltung ist eingefallen und gebeugt, etwas unsicher in den Bewegungen."[89]

Morten Kiil

ist der Vater (Pflegevater) Frau Stockmanns. Er wird als „Dachs" (22) bezeichnet. Das dazugehörige Attribut der Regieanweisung lautet „lacht in sich hinein " (26). Umzusetzen hat das der Schauspieler. Die Figur war schon in Entwürfen zu *Stützen der Gesellschaft* vorhanden: Dort tritt der Geizhals und Großsprecher Mads Tönnesen auf, der von sich sagt, die Stadt habe ihm den Spitznamen „der Dachs"[90] gegeben, weil er alles in seinen Bau getragen habe, alles festhielt, wofür er „so sauer geschwitzt" habe. Er ist taktlos und eine komische Person. Morten

komische Person

Kiil ist der Geizhals geblieben – innerhalb von Sekunden reduziert er eine angekündigte Spende für Arme um die Hälfte (27 f.) – und ein durchtriebener Spekulant, der mit seiner Gerberei erstaunlichen Gewinn erwirtschaftet und die Verseuchung des Bades mitverursacht hat. Er kauft in spekulativer Absicht unbemerkt die Aktien des gesamten Bades auf, will aber keinerlei Investitionen in die Giftentsorgung leisten. Aus dem Vorstand der Kurverwaltung hat man ihn „wie einen Hund" (27) entfernt.

---

89   Brief Ibsens vom 14. Dezember 1882 an Hans Schröder. In: Ibsen, *Dichter über ihre Dichtungen*, Bd. 10/II, S. 101
90   NS 3, 27, vgl. auch NS 3, 5 und NS 3, 7 ff.

Aslaksen

stellt den Typ des erbärmlichen Umfal-
lers, des perfekten Opportunisten und
des haltungslosen Mannes im Zeitungsbetrieb dar, den die Menge
liebt. Das galt schon für seinen ersten Auftritt im *Bund der Jugend*
(s. NS IV, 277, 342). Die von ihm vorgeschlagenen Demonstra-
tionen gegen die Macht sollen „nur mit größter Mäßigung, das
ist die erste Tugend eines Staatsbürgers" (32 f.), erfolgen, um die
Regierenden, zu denen sich auch Aslaksen rechnet („eine kleine
Machtstellung", 33), nicht zu verstören. „Mäßigung" ist sein wich-
tigster Begriff; er wird in inflationärer Weise im Stück verwendet
und verliert jegliche Bedeutung. Auch will er die Regierenden
nicht verunsichern und nicht als „Opposition" (34) erscheinen.
Seine Interessenslage ist eindeutig: Es geht um die Hausbesitzer,
die als Vermieter den größten Gewinn vom Kurbad haben. Alle
Meinungen haben der „besonnene(n) und freimütige(n) Äußerung
eines Staatsbürgers" (34) zu entsprechen. Der unterscheidet zwischen der Meinung des Herzens – „noch fürs Volk" (56) – und der
Meinung des Verstandes – der sich „den Mächtigen zuneigt, und
zwar den örtlichen" (56). Er hat die Presse im Griff, da er nicht nur
den „Volksboten" druckt, sondern den Redakteuren auch „Papier
und Druckkosten vorschießt" (57).

Kapitän Horster

ist trotz der kleinen Rolle eine wichtige Person, stellt er doch dramaturgisch einen reduzierten „Boten aus der Fremde" dar. Er ist
meist in der Welt unterwegs, zufällig gerade in der Stadt – „Ein so
seltener Gast wie Sie" (15), – und Stockmann hat ihn unterwegs
aufgegriffen und gegen seinen Willen mit ins Haus gebracht. Bald
will er wieder unterwegs nach Amerika sein. Für die örtlichen
Ereignisse interessiert er sich kaum, auch hat er Vorbehalte gegen
die Demokratie, dürfen doch dabei auch jene abstimmen, die
nichts davon verstehen (16). In Stockmanns Haus entstehen Sym-

pathien zu Stockmanns Tochter Petra, der er einen Saal seines weitgehend ungenutzten Hauses für eine Privatschule anbietet. Im 5. Akt stellt er Haus und Saal der Familie Stockmann zur Verfügung. Er bleibt Stockmanns einziger Verbündeter und weist über das Stück hinaus. Ibsen wollte das so inszeniert sehen, wie er mehrfach in Briefen nachdrücklich wünschte. An den Intendanten des Kopenhagener Theaters Eduard Fallesen schrieb er am 12. Dezember 1882: „Der Kapitän Horster ist ein junger Mann. Er ist einer von den ‚jungen Menschen‘, die der Doktor, wie er selbst sagt, gern in seinem Hause sieht. Horster muss namentlich in der kurzen Wechselrede zwischen ihm und Petra im fünften Akt so gespielt werden, dass man ahnt, zwischen den beiden ist ein warmes und innerliches Verhältnis im Werden." (SW 1. Band, S. 322) Ähnlich lautete eine Anweisung an Hans Schrøder, den Leiter des Christiania-Theaters. Auch dramaturgisch fällt die Gestalt auf: Da der Dichter sie im 4. Akt braucht – sie stellt den Saal zur Verfügung und ist Stockmanns einzige Unterstützung –, führt er sie bereits im 1. Akt ein.

Stockmanns einziger Verbündeter

Bürger der Stadt

stehen für die „geschlossene Mehrheit"

treten kurz, aber treffend zu Beginn des 4. Aktes auf. Sie stehen für die „geschlossene Mehrheit", gegen die sich Stockmanns (und Ibsens) Zorn richtet. Über den Inhalt der Versammlung sind sie nicht informiert, sie sind politisch unerfahren und instinktlos, aber sie nehmen grundsätzlich an allen Versammlungen teil, ausgerüstet mit Geräuschartikeln wie Trillerpfeife und Horn. Ihre lautstarken Proteste werden durch Presse und Gerüchte manipuliert. Sie erscheinen als Verzerrung und Farce einer demokratischen Meinungsbildung. Versammlungen sind ihnen Anlass, um Krach zu machen. Mehr interessiert sie nicht. Ihre Meinungen sind bereits von der Presse („... das stand jedenfalls im ‚Volksboten'", 75), durch politische Entscheidungen (keiner der mächtigen Vereine wollten Stockmann „einen Saal vermieten", 75) und Aslaksen („Achte nur auf den Buchdrucker Aslaksen", 75) geprägt. Dass diese Kräfte zusammengehören, wird angedeutet („Billing, von Aslaksens Zeitung", 75), ohne dass die Bürger daraus Konsequenzen ziehen.

2.5 Sachliche und sprachliche Erläuterungen

Titel: Der Titel ist ähnlich gefügt wie *Ein Puppenheim (Nora)*. Mit der Verwendung des unbestimmten Artikels „ein" wird sowohl Beiläufigkeit wie Zufälligkeit angedeutet, keinesfalls Repräsentanz. Statt auf Individualisierung weist der Titel auf Typisierung. Bereits hier wird Ironie erkennbar: So wie das Puppenheim keines war, sondern eine Familienhölle, so ist der Volksfeind kein Volksfeind, sondern ein engagierter Bürger, wie ihn allerdings die bürgerliche Gesellschaft in ihrer Deformiertheit nicht mehr ertragen kann.

Personen (3): Unter den elf handelnden Personen gehören sieben zur Familie Stockmann, drei zur Presse. Horster ist der reduzierte „Bote aus der Fremde". Diese Verteilung signalisiert, dass der gesellschaftliche Konflikt in die Familie getragen wird und die Presse eine wichtige Rolle spielt.

die vielen Jahre dort im Norden (11): Die Ortsangabe hat bei Ibsen eine feste symbolische Bedeutung. Im Norden leben die einsamen Genies und entwickeln ihre Utopien; Stockmann hatte dort seine Ideen für den Kurort und schrieb darüber, in *Hedda Gabler* schreibt Løvborg dort geniale Bücher über die Kultur und die Zukunft. Weltabgeschiedenheit des Nordens ↔ durch die Hafenstädte weltoffene Küste, Einsamkeit ↔ Ablenkung und Verführung sind ein organisierender Gegensatz in Ibsens Stücken.

Buchdrucker Aslaksen (3): A. tritt erstmals in Ibsens *Bund der Jugend* auf. Er beeinflusst im *Volksfeind* die politischen Geschehnisse maßgeblich, wirkt ähnlich als Vorsitzender des Hausbesitzerverbandes und – ironische Zutat Ibsens – als Delegierter des Mäßigkeitsvereins. Neben ihm, der, wie der „Dachs" (22), unmittelbar in der Handlung erscheint, gibt es Personen aus anderen Stücken, die namentlich nur genannt werden: Rørlund (18), Stensgård (56).

Küstenstadt des südlichen Norwegens (3): Es liegt nahe, dafür Skien, Ibsens Geburtsstadt, anzusetzen, denn Ibsen ist „von Skien nie losgekommen"[91]. Dort wurde Ibsen in einem Haus am Markt, dem „Stockmanns Gaard", geboren.[92] Der Name „Stockmann" hat ihn von Kindheit an begleitet.

Arbeitszimmer des Arztes (5): Andere Übersetzungen setzen dafür treffender „Sprechzimmer" ein, denn der Badearzt hat auch eine „Praxis" und Patientenverkehr, wie später erwähnt wird (117).

Grog (10): Im Original ist von „Toddi" die Rede. Toddy ist ein typisch skandinavisches Getränk. (Vgl. auch Fußnote 83 auf S. 66 dieser Erläuterung.)

eine neue Welt (10): Im Original ist von „einer ganz neuen Welt" die Rede. Das ist ein zeitgenössischer Leitbegriff, der sich seit der Entdeckung auf Amerika bezieht. Im ausgehenden 19. Jahrhundert war die „Neue Welt" nach wie vor ein beliebtes Auswanderungsziel; auch Tomas Stockmann trägt sich zeitweise mit dem Gedanken, in die „Neue Welt" zu gehen (96, 99). Bekannt wurde Antonin Dvořáks *Aus der Neuen Welt* (9. Sinfonie, 1894). Zum anderen benutzten deutsche Naturalisten und Sozialdemokraten den Begriff „neu", um ihre Position gegenüber der vorhandenen Kunst und Literatur zu bestimmen, kombiniert als *Die neuen Menschen* (1887, Drama von Hermann Bahr), *Neue Gleise* (1892, Textsammlung von Holz und Schlaf) usw. Die *Deutschen Monatsblätter* wurden 1878 mit Heinrich Harts programmatischem Aufsatz *Neue Welt* eröffnet, in dem naturalistische Vorstellungen ausformuliert worden waren; er wurde zu einem Grundsatzdokument der gesamten Bewegung.

Amerika (15): Im 5. Akt überlegt Stockmann, nach Amerika auszuwandern. Das war eine verbreitete Entscheidung im 19. Jahrhundert. In Amerika hatten sich utopische Sozialisten in Siedlungen zusammengeschlossen, um neue Produktionsverhältnisse zu schaffen. Bekannt wurden die „Ikarier", zu denen sich auch der

---

91 Lothar, S. 3
92 Henrik Ibsen: *Kindheitserinnerungen*. In: NS, Bd. 1, S. 199

Freundeskreis des jungen Gerhart Hauptmann bekannte; 1884 wurde ein Beobachter nach Amerika entsandt, um Möglichkeiten einer eigenen Kolonie zu prüfen. 1895 waren die letzten dieser Gründungen gescheitert. Der Vorgang spielt in Gerhart Hauptmanns *Vor Sonnenaufgang* (1889) eine Rolle.

Die Gesellschaft ist wie ein Schiff (16): Das Bild wird in verschiedenen Varianten verwendet; eine andere spricht von der „Umwälzung" als einem Stapellauf (54). Das Schiff ist eine bewährte Metapher der Literatur; sie wird vielfältig verwendet, darunter auch als Bild vom „Schiff als Staat oder Gesellschaft". Es kam, nachdem es schon seit der Antike verwendet wurde, im Barock zu besonderer Geltung. Berühmt wurde Sebastian Brants *Narrenschiff* (1494), darin wurde eine Gesellschaft mit ihren Ständen und Schichten satirisch vorgeführt. Horster lehnt die Stimmigkeit dieses Bildes allerdings ab (16). – Ibsen hat das Bild vielfach verwendet; in den *Stützen der Gesellschaft* ist ein morsches Schiff Sinnbild für die morsche Gesellschaft. Die zentrale Metapher Ibsens von der „Leiche an Bord" bezieht sich auf ein Schiff usw.

Rørlund (18): Der opportunistische Adjunkt Rørlund aus *Stützen der Gesellschaft* wird zum Lehrer von Stockmanns Sohn Morten. Seine Sündenlehre – Arbeit sei die Strafe für die Sünden – ist reaktionär, hatte sich doch im 19. Jahrhundert im Zusammenhang mit Darwin und Friedrich Engels die Erkenntnis durchgesetzt, dass Arbeit die wesentlichste Voraussetzung für die Menschwerdung des Affen bedeutete.

Wikinger (18): Seefahrer der germanisch-skandinavischen Völker, etwa vom 8. bis zum 11. Jahrhundert. Sagen- und legendenumwobene kriegerische Seeleute, die bis zur Entdeckung Amerikas gekommen sein sollen. Morten versteht die Wikinger als heidnisch-heldische Kämpfer, die nicht arbeiten müssen. – Dr. Stockmann bekennt im 4. Akt, dass er und sein Bruder „von einem alten, schrecklichen Seeräuber unten aus Pommern oder der Gegend da abstamm(en)" (91). Der Kritiker Alfred Kerr hat die Haltung Dr.

Stockmanns mehrfach als Wikinger-Haltung bezeichnet, die ihn zur herausragenden und besonderen Gestalt mache (vgl. S. 108 der vorliegenden Erläuterung).

zum Dachs (22): Der Spitzname von Dr. Stockmanns Schwiegervater ist schon in einem Entwurf zu *Stützen der Gesellschaft* vorhanden: Dort tritt der Geizhals und Großsprecher Mads Tönnesen auf, der von sich sagt, die Stadt habe ihm den Spitznamen „der Dachs"[93] gegeben.

wie zum Teufel heißt sie noch (23): Wenn Dr. Stockmann das Dienstmädchen meint, fällt ihm nie ihr Name ein, dafür erinnert er an abstoßende Äußerlichkeiten (108, 116). Das ist ein weiterer Hinweis auf seine dominierende Ich-Bezogenheit, die keine Menschen neben sich duldet.

der erste Mann der Stadt (24): Billing erhebt Tomas Stockmann zu jener Größe, die er am Ende des Stückes als ein säkularisierter Messias einnehmen möchte. Dass eine Verweltlichung vollzogen wird, macht die genaue Übersetzung von Billings Worten deutlich: „Sie werden, Gott töte mich, der erste Mann der Stadt" (in der Reclam-Ausgabe falsch übersetzt als „Sie werden, zum Teufel auch, der erste Mann der Stadt", 24; vgl. auch: „Bald sind Sie – Gott verdamm' mich – der erste Mann der Stadt", SW 7, 115).

Schatzgräber (24): Der auch im Original verwendete Begriff (skattegraver) ist auffallend falsch verwendet: Das Auffinden einer vergifteten und verseuchten Wasserzuleitung ist kein Schatz, den man gehoben hat. Deshalb ist nach einer anderen Erklärung zu suchen. – Bekannt sind zahlreiche Gedichte über Schatzgräber (Goethe, Eichendorff, G. A. Bürger), von denen *Die Schatzgräber* von Bürger auch eine Schatzsuche präsentiert, die nicht sofort zum Ergebnis führt. Die Söhne eines Weinbauern graben, dem Ratschlag ihres sterbenden Vaters folgend, ihren Weinberg um und um, finden jedoch keinen Schatz, aber im nächsten Jahr bringt der Berg dreifache Ernte. „Schatzgräber" bekommt dadurch den Sinn, eine späte Ernte einzufahren.

---

93 NS 3, 27

die Armen (27): Sie spielen in den politischen Verhältnissen der Stadt, bei der „geschlossenen Mehrheit"/„kompakten Majorität", keine Rolle und werden beiläufig genannt, aber nirgends personalisiert oder gar individualisiert. Es sind die Arbeitslosen – das „Kleinvieh" (118), das es auch gibt, wie eingangs (7) und am Ende („Kleinvieh", „Straßenjungs", 118 f.) zu erfahren ist. „Arme" (27) werden genannt, für die man spenden könne, oder „die armen Leute" (117), die in Dr. Stockmanns Praxis nichts bezahlen können. Für den Streit um das Bad spielen sie keine Rolle.

Unfehlbarkeit der Regierenden (30): Hovstad wendet einen Begriff auf die Regierenden an, der eine zeitgenössische Bedeutung einbringt. Das Erste Vatikanische Konzil 1869/70 hatte die Unfehlbarkeit des Papstes zum Dogma erhoben und damit europaweit heftige Diskussionen ausgelöst, die in Deutschland zum sogenannten Kulturkampf (1871–1878) führten. In dessen Verlauf wurden das Schulaufsichtsgesetz und die Zivilehe eingeführt, die zur Trennung von Kirche und Staat beitrugen. Ibsen erlebte die Auseinandersetzungen vor Ort in Deutschland und in Rom mit, reflektierte sie politisch in seiner „Nicht-Staatstheorie"[94] und künstlerisch in *Kaiser und Galiläer* („... die Wahl des historischen Themas steht auch mit den Bewegungen unserer eigenen Zeit in einem engeren Zusammenhang, als man zunächst glauben sollte."[95]).

Aberglauben (30): Es entsprach dem aufkommenden Rationalismus in Wissenschaft (Vererbungstheorie, Milieutheorie usw.) und Kunst (Naturalismus), dass die Unfehlbarkeitserklärung als Aberglauben verurteilt wurde. Politisch führte das zum Abbruch der diplomatischen Beziehungen Preußens zum Vatikan 1872 und zur Streichung aller staatlichen Zuwendungen an die katholische Kirche 1875.

eine/die geschlossene Mehrheit (32, 35, 37, 47, 68, 85, 86, 87, 91, 92, 100, 102, 117 f.). Im Original heißt es „en kompakt majori-

---

94 Brief an Georg Brandes vom 18. Mai 1871; SW 10, 165
95 Brief an Edmund Gosse vom 14. Oktober 1872; SW 10, 200

tet" und wurde meist so ins Deutsche übersetzt („eine kompakte Majorität", SW 7, 123). Es handelt sich um einen feststehenden Begriff, den Ibsen auch im Zusammenhang mit staatspolitischen Aussagen verwendete. Er ist zur Redewendung geworden und prägnanter als die Übersetzung „geschlossene Mehrheit".[96] Ibsen unterscheidet im norwegischen Original zwischen den Begriffen „Majorität" und „Mehrheit": Stockmanns Rede im 4. Akt gipfelt in dem Satz: „Die Mehrheit hat die Macht – leider –, aber das Recht hat sie nicht." (86) Nur hier verwendet Ibsen tatsächlich den Begriff „Mehrheit" (norw.: flertallet) und nicht den der „Majorität" (norw.: majoritet), ein Zeichen dafür, wie genau er unterscheiden wollte. Dabei bekam „kompakte Majorität" eine negativ-böse Konnotation mit.[97] So verwandte Theodor Lessing den Begriff 1932, der selbst ein ähnliches Schicksal wie Dr. Stockmann erlebte, um festzustellen: Es sollte niemals erlaubt sein, „dass die Majorität im Staate die wehrlose Minderheit in Wort und Schrift als hassenswert und parasitär dem Masseninstinkte preisgeben"[98] darf.

in brüderlicher Vereinigung (37): Stockmann nimmt eine Redeweise an, die seiner sich für ihn abzeichnenden Rolle als Erlöser der Stadt gerecht wird.

mit den guten, alten, bewährten Gedanken (42): Peter Stockmanns Ausführungen über neue und alte Gedanken entsprechen einem Brief Ibsens an Georg Brandes vom 12. Juni 1883: In zehn Jahren stehe die Mehrheit vielleicht auf dem Standpunkt der Ideen Dr. Stockmanns aus der Volksversammlung, „aber in diesen zehn Jahren ist der Doktor ja nicht stille gestanden; er hat abermals einen Vorsprung von zehn Jahren vor der Mehrheit voraus."

---

96 Vgl auch Alfred Kerr: *Wo liegt Berlin? Briefe aus der Reichshauptstadt 1895–1900.* Berlin: Aufbau-Verlag, ²1997, S. 13

97 Vgl. dazu: Anni Carlsson: *Der Arzt als Ökologe bei Ibsen und Tschechow.* In: Neue Zürcher Zeitung, 22. Mai 1989, Nr. 115, S. 23

98 Christian Linder: *Zum 75. Todestag des Kulturphilosophen und Schriftstellers Theodor Lessing.* Deutschlandfunk, Kalenderblatt 31. 8. 2008, 9.05 Uhr. Vgl. auch: Theodor Lessing: *Wortmeldungen eines Unerschrockenen.* Hrsg. und mit einer Einleitung versehen von Hans Stern. Leipzig und Weimar: Gustav Kiepenheuer Verlag, 1987 (Gustav Kiepenheuer Bücherei Nr. 76), S. 7–48

(SW 10, 327). Stockmann variiert die Überlegungen zu alten und neuen Gedanken während seiner Rede (86 f.) und spricht von 17, 18 oder 20 Jahren.

Regierung – willst sie stürzen (42): Aus der Handlung des Schauspiels ist diese Behauptung nicht zu begründen; Tomas bezeichnet die Beamten der Stadtverwaltung als „tüchtig und umsichtig" (29); man schulde „ihnen doch Dank" (30). Da Peter Stockmann den Vorwurf später weiter ausbaut – „Du willst deinen Vorgesetzten ans Leder" (43; wörtlich übersetzt tatsächlich: ans Leben), „Du kannst keine Autoritäten über dir vertragen" (43) usw. –, ist anzunehmen, dass der Vorgang zur Vergangenheit gehört und möglicherweise Anlass zu Tomas Stockmanns Verbannung aus der Stadt war.

Revolution (50, 51): Billings Vorstellung von der Revolution zeigt seine politische Unkenntnis. Ein Artikel Stockmanns wird zum Anlass genommen; die „feindlichen" Kräfte dieser Revolution werden in zwei unterschiedlichen Gruppen der Besitzenden gesehen, den Hausbesitzern und den Großaktionären. In beiden Fällen fühlen sich die Journalisten als Gewinner. Die Konstellation hat nichts Revolutionäres an sich, sondern ähnelt Berichten der journalistischen Sensationspresse.

Menschenrechte (53, 81): Tomas Stockmann beruft sich auf einen Begriff, der durch die Französische Revolution von 1789 geprägt und eingeführt wurde. Er bezeichnet die unveräußerlichen Rechte des Menschen: die Freiheit der Person usw. 1776 hatte der Kongress der Vereinigten Staaten daraus praktische Forderungen abgeleitet und ins Staatsrecht aufgenommen. 1789 folgte die berühmte *Erklärung der Rechte des Menschen und des Bürgers* (*Déclaration des droits de l'homme et du citoyen*) in Frankreich.

Volksbote (53): Die Zeitung wird in den Zusammenhang der Menschenrechte gebracht und so auf historische Vorbilder zurückverwiesen. Um 1845 gab es mehrere Blätter dieses Namens, die bürgerlich-demokratisch wirkten, ohne revolutionär zu sein. Vom

April bis Juli 1849 erschien der als ein revolutionäres Organ von Carl Spahn (1803–1865) herausgegebene *Der Volksbote. Blätter für Demokratie, Politik und Arbeiterfrage* unter dem Motto „Das Volk ist die Quelle aller Macht!" (8. April 1849). Im letzten Viertel des 19. Jahrhunderts gaben sich bevorzugt sozialdemokratische Blätter diesen Namen.

Volksfreund (54): Stockmann erreicht den Höhepunkt seiner Popularität; die Bezeichnung „Volksfreund" erinnert an eine berühmte Publikation der Französischen Revolution von 1789. *Der Volksfreund* (*L'Ami du Peuple*) war eine von Jean-Paul Marat gegründete und herausgegebene Zeitung (1000 Nummern), die mit klarer und deutlicher Sprache die Revolution begleitete, volksnah und monarchiefeindlich war und Vorbild für andere Publikationen wurde. Sie war nicht die auflagenstärkste, aber die einflussreichste Zeitung der Revolutionszeit bis 1793. 1848 folgten mehrere Zeitungen mit dem Titel, u. a. in Berlin: *Der Volksfreund. Zwangloses Flugblatt*, hrsg. von Gustav Adolph Schloeffel[99] (Nr. 1, 5. April 1848), in Leipzig *Der Volksfreund*[100] (Verlag von E. O. Weller, mit dem Motto: „Freiheit, Gleichheit, Brüderlichkeit!" auf der Titelseite) usw.

Stensgård (56): Im *Bund der Jugend*, mit dem Ibsen die Serie seiner gesellschaftskritischen Stücke begonnen hatte, ist S. ein Rechtsanwalt, der am Ende seine Ziele nicht erreicht, aber gerade deshalb gefährlich bleibt. Es wird prophezeit: „In zehn bis fünfzehn Jahren sitzt Stensgård im Reichstag oder im Ministerium." (SW 6, 146) Im *Volksfeind* ist Stensgård zum „stiftamtmann", etwa Distrikthauptmann oder Regierungspräsident, aufgestiegen, in der Reclam-Ausgabe als „Landespräsident" übersetzt. Selbstkritisch sah Ibsen in ihm eigene Züge, die er „durch Selbstanatomie ... ans Licht gefördert habe"[101].

---

99 Schloeffel wurde 1848 wegen der Zeitschrift zu sechs Monaten Festungshaft verurteilt.

100 Die Zeitschrift, die seit 1946 als Reprint vorliegt, arbeitete mit umfangreichen Zahlenmaterial und veröffentlichte in der Nr. 5 die „Forderungen der deutschen kommunistischen Partei" (S. 34 ff.)

101 Brief an Peter Hansen vom 28. Oktober 1870, SW 10, 150

Krähennest (57): besser: Krähwinkel (so auch SW 7, 149). Darunter ist ein rückständiger, bornierter Ort zu verstehen, der mit diesem Namen und Inhalt von Jean Paul und August Kotzebue verwendet wurde; berühmt und Ibsen vermutlich bekannt wurde Johann Nestroys Revolutionsposse *Freiheit in Krähwinkel* (1848). Der Titel wurde sprichwörtlich.

Die Geschichte handelt davon ... (58): Petra beschreibt eine Erzählung, wie sie die naturalistischen Schriftsteller in allen Ländern Europas angegriffen und zurückgewiesen haben. An die Stelle des Eingriffs höherer Mächte sollten naturwissenschaftlich, soziologisch und sozial nachvollziehbare Ereignisse treten. Ob es sich tatsächlich um eine englische Erzählung handelt, ist unklar. Ibsen kannte Alfred Tennysons *Enoch Arden* (1864), allerdings ein melodramatisches Epos, das in Seemannskreisen spielt und in dem am Ende alles gottgefällig gefügt wird. Allgemein lässt sich sagen, dass in der Literatur im 19. Jahrhundert, im Viktorianischen Zeitalter Englands, die von Petra geschilderte Gerechtigkeit „als unabdingbares Erfordernis jedes literarischen Kunstwerkes erschien"[102]. Besonders die Romane Charles Dickens' wiesen das aus.

eine moralische Erzählung (59): Moralische Erzählungen gehörten im 18. Jahrhundert zu den meistgelesenen Gattungen (Johann Karl Wezel, Sophie von La Roche, Goethe, Friedrich Schiller). In ihnen ging es um pädagogische Zielstellungen, den Kampf gegen Vorurteile, falsche Ehrbegriffe und Kritik an der Justiz. In dem Maße, wie diese Themen im 19. Jahrhundert aus sozialen Bedingungen abgeleitet wurden und damit als sozial veränderbar erschienen, verlor seit Heinrich von Kleist die moralische Erzählung an Bedeutung. Hovstads Verwendung des Begriffs zeigt sein soziales Desinteresse und seine geistige Rückständigkeit. Petra weist auf den Unterschied zu „emanzipierten (radikalen, befreienden) Anschauungen" (59) hin.

---

102 Heinz Reinhold: *William Makepeace Thackeray. Vanity Fair*. In: Franz K. Stanzel (Hrsg.): Der englische Roman, Bd. 2. Düsseldorf: August Bagel Verlag,1969, S. 79

Eidergans auf dem Ei (82): Die Eidergans, an den Fjorden im Norden Europas beheimatet, polstert mit ihren Brustdaunen ihr Nest; zweimal lässt sie sich Eier und Daunen, die eine begehrte Handelsware waren, wegnehmen. Sie polstert und legt ein drittes Mal, flieht aber, wenn sie erneut beraubt wird. – Stockmanns Bekenntnis, sich wie eine Eidergans gefühlt zu haben, ist ein autobiografischer Hinweis. Ein frühes Gedicht Ibsens heißt *Der Eidervogel*: Ein Eidervogel hat sich mehrfach für seine Brut aufgeopfert und mit seinen Brustdaunen das Nest gepolstert, aber die Fischer haben das Nest ausgeraubt. Nach dem dritten Mal „hebt er die blutende Brust zum Flug – / und flieht aus dem kalten, ungastlichen Land / Gen Süden, gen Süden, nach sonnigerem Strand" (SW 1, 11). Das Gedicht wird zur Parabel auf Ibsens Leben. In einer Rede vor den Studenten in Christiania am 10. September 1874 verglich er sein Leben mit dem eines Eidervogels, der mehrfach ausgeraubt wurde, dabei waren „Illusionen und große Lebenshoffnungen die Beute" (SW 1, 453).

Ungeziefer (83): In Stockmanns Argumentation mischen sich zwei naturwissenschaftliche Ansichten. Einerseits spielen die Auswahltheorie und Vererbungslehre Darwins eine Rolle, die zu Auslese und Zuchterfolgen führten. Andererseits klingen Theorien Lombrosos an, der bei moralisch verkommenen und kriminellen Menschen gehäuft animalische Merkmale feststellen wollte.

Freidenker (89): Der Begriff entstand in der bürgerlichen Aufstiegsphase im 17. und 18. Jahrhundert in England und bei den französischen Enzyklopädisten. Er richtete sich gegen die Institution der Kirche und bekam im 19. Jahrhundert zunehmend atheistischen Gehalt. Um 1848 entstanden in Deutschland freireligiöse Gemeinden, die sich 1859 zum Bund Freireligiöser Gemeinden zusammenschlossen. 1881 gründete Ludwig Büchner, der Bruder von Georg Büchner, den Deutschen Freidenkerbund. 1893 entwickelten die Friedrichshagener, eine aus der naturalistischen Bewegung hervorgegangene lose Gruppierung, ein umfangreiches Bildungs- und Kunstkonzept mit freidenkerischen Akzenten.

Seeräuber unten aus Pommern oder der Gegend da (91): Hier spielte Ibsen auf die eigene Herkunft an. Sein Vater, der Kaufmann Knut Ibsen, war ein Abkömmling eines 1720 nach Norwegen gekommenen dänischen Schiffers Peter Ibsen; 1726 gab es schon einmal einen Henrik Ibsen, den Urgroßvater des Dichters. Außerdem hatte er neben dem dänischen auch deutsches und schottisches Blut in sich.[103]

Volksfeind (93): Der Begriff wurde in der Französischen Revolution von 1789 auf König Ludwig XVI. angewendet und dann in die Geschichtsschreibung des 19. Jahrhunderts eingebracht. In unterschiedlichen Gesellschaftsformen bekam der Begriff eine schreckliche Bedeutung, besonders im deutschen Faschismus.

den Staub dieser Stadt ... (96): Stockmann kündigt seinen Widerstand mit mehreren Bibel-Zitaten an und verstärkt damit den Eindruck, ein irdischer Erlöser sein zu wollen. Zuerst setzt er Matth. 10, 14 („Und wenn euch jemand nicht aufnehmen und eure Rede nicht hören wird, so geht heraus aus diesem Hause oder dieser Stadt und schüttelt den Staub von euren Füßen.") ein.

... ich sage nicht: ich vergebe euch, denn ihr wisst nicht, was ihr tut (96): Stockmann variiert einen Ausspruch von Jesus (Lukas 23, 34) am Kreuz: „Vater, vergib ihnen; denn sie wissen nicht, was sie tun!" Stockmann diskriminiert zuerst Jesus, den er „eine gewisse Person" nennt. Dann stellt er Jesu Ausspruch in Frage und betont, dass er, Stockmann, nicht so sei und so auch nicht sprechen würde. Das bedeutet, dass er nichts vergeben, sondern den Kampf als ein säkularer Messias aufnehmen wird.

Raus aus dem Fenster ... (115): Hovstads und Aslaksens Vertreibung aus Stockmanns Wohnung erinnert an die Austreibung der Händler und Wechsler aus dem Tempel (Lukas 19, 45–48). Jesus begründete die Austreibung mit dem Hinweis: „Mein Haus ist ein Bethaus." So sieht auch Stockmann sein Haus als ein moralisch sauberes Haus an.

---

103 Vgl. Haakonsen, S. 28

mein Tintenfass an den Schädel werfen (116): Als Luther 1521 auf der Wartburg versteckt wurde, vertrieb er seelisch-geistige Zweifel, die ihn befielen, indem er den „Teufel mit Tinte zu vertreiben" versuchte, wie er später einmal sagte.[104] Damit gemeint hat Luther die Übersetzung des Neuen Testaments; daraus geworden ist die Legende, Luther habe mit dem Tintenfass nach dem Teufel geworfen. Die Stelle wurde auf der Wartburg lange gezeigt und auch durch Tinte ständig wieder aufgefrischt.

wie es irgendwo geschrieben steht (117): „Denn es steht geschrieben" heißt es im 1. Brief des Paulus an die Korinther (1, 19), in dem Paulus begründet, dass Christus ihn gesandt habe, „das Evangelium zu predigen". Stockmann nimmt seine zukünftige Aufklärungsarbeit des Predigens als säkularisierten göttlichen Auftrag an. Die Wendung findet sich auch an anderer Stelle (z. B. Matth. 4, 4), allerdings nicht in dieser Verbindung mit der Predigt.

dass der stärkste Mann auf der Welt der ist, der ganz allein dasteht (120): Der Schluss-Satz Stockmanns hat verschiedene und durchaus unterschiedlich verständliche Übersetzungen erfahren. Neben der hier angegebenen übersetzte Bernhard Schulze: „... am stärksten auf der Welt ist, wer alle Brücken hinter sich abgebrochen hat."[105] Die von Ibsen autorisierte erste Übersetzung von Wilhelm Lange lautete: „Der stärkste Mann der Welt ist derjenige, welcher – allein steht!"[106] Eine wörtliche Übersetzung des Originals lautet: „Die Sache ist die, seht Ihr, der stärkste Mann in der Welt, das ist der, der steht meist allein." Eine ähnliche Sentenz findet sich in Schillers *Wilhelm Tell* (1804, 1. Akt, 3. Szene, V. 437). Stauffacher versucht Tell für den gemeinsamen Widerstand gegen Österreich zu werben. Aber Tell antwortet ihm: „Der Starke ist am

---

104 Vgl. Wolfgang Landgraf: *Martin Luther. Reformator und Rebell.* Berlin: Verlag Neues Leben, ²1982, S. 191
105 Ibsen: *Dramen*, Bd. 1, S. 367
106 Henrik Ibsen: *Ein Volksfeind*. Schauspiel in fünf Aufzügen. Deutsch von Wilhelm Lange. Einzige vom Verfasser autorisierte deutsche Ausgabe. Leipzig: Verlag Philipp Reclam jun., o. J. (1883), Universal-Bibliothek Nr. 1702, S. 105

mächtigsten allein." Das schließt nicht aus, dass er, bedarf man seiner, zur Verfügung steht. Gegenteilig ist Stockmanns Situation: Alle unterbreiten ihm Hilfsangebote, um seiner Realitätsferne zu begegnen; gerade in dem Zusammenhang erklärt Stockmann sich zum stärksten Mann durch Einsamkeit und macht seine Realitätsferne dadurch noch deutlicher.

2.6 Stil und Sprache

Die Erklärung sprachlicher Mittel ist hier nur eingeschränkt möglich, weil es sich um eine Übersetzung handelt. Wie bereits an anderen Stellen nachgewiesen wurde, treten dadurch Verluste oder störende Veränderungen ein. Ibsen hat ein begriffliches Leitsystem geschaffen, das den Text überdacht. Es geht vom Titel aus und hat zwei zugehörige Begriffe:

begriffliches Leitsystem

Folkebudet (Volksbote)[107]
↓
en folkefiende (ein Volksfeind) ←→ en folkevenn (ein Volksfreund)

Die Begriffe erinnern an die Französische Revolution von 1789, an deren Presse und ihre Losungen, die von Ibsen oft zitiert und als Maßstab genannt wurden:

> *„Freiheit, Gleichheit und Brüderlichkeit sind nicht mehr dieselben Dinge, wie sie in den Tagen der seligen Guillotine waren. Das ist es, was die Politiker nicht verstehen wollen, und darum hasse ich sie. Die Menschen wollen nur Spezialrevolutionen, Revolutionen im Äußeren, im Politischen u. s. w. Aber all dergleichen ist Lappalie. Worauf es ankommt, das ist die Revolutionierung des Menschengeistes."*[108]

Die Revolutionierung des Menschengeistes weist auf zwei zentrale Begriffe des Denkens Ibsens hin: die Adelsmenschen (Adel des Geistes) und das „dritte Reich". Georg Brandes hat vermerkt, dass dieser Brief, der zu den bedeutendsten des Dichters zählt, histo-

---

107 Die Übersetzung mit „Volksnachrichten" (3, 14 usw.), die im Verlauf des Textes wieder in „Volksbote" (30 usw.) verändert wurde, zerstört den begrifflichen Kontext.
108 Brief Ibsens vom 20. Dezember 1870. In: SW 10, 256. Merkwürdigerweise wurde auf den Satz über die Politiker in der Briefauswahl von Carlsson ohne Hinweis auf eine Auslassung verzichtet (vgl. Ibsen, *Briefe*, S. 66)

rischen Optimismus ausstrahlt. Nur in der Zeit von Unheil und Zusammenbruch „sind die Ideen eine wirkliche Macht"[109]. Das deutet auf Ibsens Konzeption vom „dritten Reich" hin, das am Horizont der Menschheit entstehe, indem Menschen zur Geistigkeit erzogen werden. Es ist Ibsens deutlichster Entwurf einer Lösung der gesellschaftlichen Probleme, die Lenkung eines Staates durch gebildete und vornehm erzogene Geistigkeit.

Ibsen kannte philosophische und historische Begriffe und Hintergründe durch sein gründliches Zeitungsstudium, aus dem seine Themen und seine Weltkenntnis meist hergeleitet wurden.[110] Andere Interpreten verwiesen darauf, dass Ibsen seine philosophischen Kenntnisse, etwa die über Hegel, aus der Zeitung bezogen habe.[111] Wie diese philosophischen und historischen Leitbegriffe wurden auch Symbole anderer Werke Ibsens aufgenommen und

Symbole

weitergeführt. Wenn Stockmann die Badeanstalt als „ein mit Kalkfarbe getünchtes, vergiftetes Grab" (en kalket forgiftig grav; 21) bezeichnet und das auf die gesamte Gesellschaft ausweitet, nimmt er ein Symbol aus *Kaiser und Galiläer* auf: Julian hält den Priestern antiker Gottheiten vor, sich nicht für ihren Glauben zu opfern, und nennt sie „übertünchte Gräber" (kalkede grave, SW 5, 294). In *Stützen der Gesellschaft* nennt der Opportunist Rørlund die Gesellschaft „ein übertünchtes Grab" (de er kalkede grave, SW 6, 155), meint aber nicht seine provinzielle und, wie sich herausstellt, moralisch brüchige, sondern die große Welt.[112] „Getünchte Gräber" täuschen eine reine Wirklichkeit vor oder denunzieren eine Wirklichkeit; ihr Weiß meint nicht das der Jungfräulichkeit oder Reinheit, sondern das des Todes.

---

109 Brandes, *Das Ibsen-Buch*, S. 84
110 Paulsen, S. 26 ff.
111 Reich, S. 152
112 Das Symbol wurde im Bekanntenkreis Ibsens verwendet: Jonas Lie benutzte es in seinem Roman *Eine Ehe* (Ett samliv), 1888, für die Beschreibung einer Ehe, die ein „übertünchtes Grab darstelle" (Berlin: S. Fischer Verlag, 1908, S. 112).

Die Sprache erscheint alltäglich. Allerdings hat die Übersetzung den Text zu-
sätzlich mit Jargon versehen: „alte Knacker" (gamle støtere =
alte Burschen im Sinne von „Burschenschaft"; 10) gehört bei den
Stockmanns nicht zur Alltagssprache und nicht zu ihrem sprach-
lichen, intellektuell geprägten Niveau. Ibsen forderte, dass in seinen Stücken und den Übersetzungen Umgangssprache herrsche.
Wendungen und Ausdrücke, die nur in Büchern vorkämen,

alltägliche Sprache

> *„sind in dramatischen Arbeiten sorgfältig zu vermeiden, nament-*
> *lich in meinen, die dem Leser oder Zuschauer suggerieren wollen,*
> *dass er bei der Lektüre oder Aufführung ein Stück Wirklichkeit*
> *erlebt"*[113].

Die Sprache ist schlicht, knapp und genau. Sie vermeidet gefühls-
beladene Attribute. Die Regieanmerkungen zu dem Figurentext
haben immer eine kommentierende Bedeutung; sie erhalten
manchmal die Funktion selbstständiger epischer Kleintexte, in denen die Atmosphäre einer Szene bereits beschrieben wird (50, 74).
Die Verwandlung Tomas Stockmanns zu
einer säkularen messiasähnlichen Figur
geschieht vorwiegend sprachlich, sie wird vorsichtig und zuerst
mit einzelnen Namen und Worten, dann mit Wendungen und
schließlich mit Bibelzitaten vorgenommen. Stockmanns Bedeutung steigert sich vom Wissen um die Verseuchung des Bades zur
Forderung nach Veränderung, Umkehr und Reinigung. Er wird
anfangs begeistert von verschiedenen Kräften des Volkes gefeiert,
schließlich aber erbittert bekämpft und verurteilt. Danach beschließt er, durch die Bildung und Erziehung von 12 Jüngern, Stra-
ßenjungen, sein Programm zu verwirklichen. – Anfangs ist es nur
die häufige Namensnennung „Tomas", die eine besondere Akzen-
tuierung des Namens ahnen lässt (6, 8 f.), aber unauffällig bleibt.

Verwandlung Tomas Stockmanns

---

113 Brief vom 14. September 1882 an Rasmus B. Anderson, Professor für Skadinavistik in den USA.
   In: Ibsen, *Briefe*, S. 122

Die Hinweise auf einen säkularisierten Messias nehmen dann zu. Am Ende des 1. Aktes nennt ihn Billing „der erste Mann der Stadt" (24) und leitet diese Feststellung ein mit „Sie werden, Gott töte mich, ..." (die Übersetzung der Reclam-Ausgabe „Sie werden, zum Teufel auch, ..." ist falsch). Damit wird eine säkulare Position erreicht, die an das Göttliche erinnert. Im 2. Akt wird auf eine zur Entstehungszeit aktuelle Auseinandersetzung zwischen Kirche und Staat hingewiesen, die Unfehlbarkeitserklärung (30), und der Glaube zum Aberglauben erklärt. Die Verurteilung Tomas' durch das Volk (4. Akt) und seine Bezeichnung als „Volksfeind" entspricht der Verurteilung Jesu Christi, als das Volk die Möglichkeit hatte, ihn zu begnadigen, aber forderte: „Lass ihn kreuzigen!" (Matth. 27, 22 f.) Stockmann antwortet am Ende des 4. Aktes (96) mit zwei biblischen Zitaten (Matth. 10, 14 und Lukas 23, 34). Der 5. Akt gipfelt und endet mit einer satirischen Parallelszene zur Kreuzigung: Dabei standen links und rechts neben dem gekreuzigten Jesus, Gottes Sohn, Maria Magdalena und Maria. Es wirkt wie ein ikonographisches Zitat, wenn der sich zum stärksten Mann der Welt – also auch gottähnlich – stilisierende Stockmann zwischen zwei Frauen, seiner Ehefrau und seiner Tochter, die auch noch seine Hände erfasst, steht. Mehrere Inszenierungen haben dieses Zitat verwendet und Dr. Stockmann den Schluss auf einem Tisch oder Stuhl – jedenfalls erhöht – erleben lassen, flankiert von den beiden Frauen.

2.7 Interpretationsansätze

Der naturalistische Schriftsteller Adalbert von Hanstein (1861–
1904), Zeitgenosse und Verehrer Ibsens, meinte, der *Volksfeind*
sei „das unter allen **Stücken Ibsens ... am leichtesten zu
verstehende**"[114]. Käte Hamburger bezeichnete es sogar als „nicht
hintergründig"[115], bei Ibsen immer eine problematische Aussage.
Beides ist jedoch zuerst zu bestätigen. Der *Volksfeind* war die Reaktion Ibsens auf jene Angriffe, die seine zuvor erschienenen Stücke
Ein Puppenheim (Nora) und *Gespenster* betrafen. Ibsens Meinung
war in diesem Falle mit der Tomas Stockmanns übereinstimmend,
der die Manipulationen der Presse entlarvte und die These ver-
trat, dass nicht die Volksmenge Recht habe, sondern der einzelne
geistige Vorkämpfer. Nach Erscheinen des *Volksfeindes* formulierte
Georg Brandes die Meinung, alle Geistesarbeiter müssten für die
Verbreitung ihrer Ansichten wirken. Dem stimmte Ibsen zu, be-
harrte aber darauf, dass bei dieser Verbreitung „ein geistiger Vor-
postenkämpfer nie eine Mehrheit um sich sammeln kann"[116] und
so immer der Masse voraus sein werde, wie er selbst es auch sei:

> „Wo ich gestanden habe, als ich meine verschiedenen Bücher
> schrieb, da steht jetzt eine recht kompakte Menge. Aber ich selbst
> bin nicht mehr da, – ich bin woanders, weiter vor, wie ich hoffe."
> (SW 10, 328)

Ibsens Stück stellt kritisch aus, dass **Volksbewegungen** nicht von
einem gemeinsamen Ziel oder einer klaren Meinung bestimmt
sein müssen, sondern manipuliert werden können und dann wie
Ausdruck einer Volksmeinung erscheinen. Am Ende des 3. Aktes
organisiert die Macht in Gestalt des Bürgermeisters (Amtsrat) Peter Stockmann die Volksbewegung, indem er Presse und opposi-
tionelle Gruppen, wie die von Aslaksen geführte, mit Argumenten

---

114 Adalbert von Hanstein: *Ibsen als Idealist*. Leipzig: Freund, 1897, S. 126
115 Hamburger, S. 89
116 Brief an Georg Brandes vom 12. Juni 1883, SW 10, 327

zur Manipulation versorgt, die dann im 4. Akt erfolgreich durchgeführt wird und bis zum offenen Angriff auf Tomas Stockmann gelangt. Ibsen konnte für sich in Anspruch nehmen, dass die von ihm vertretenen Meinungen, obwohl sie der Volksmeinung widersprachen, historisch richtig waren und sich durchsetzten. Es geht

Wahrheit und Freiheit

im *Volksfeind* um Wahrheit und um Freiheit. Beides sind für Ibsen komplizierte und vieldeutige Begriffe. Stockmanns Wahrheit über die Verseuchung des Kurbades ist eine Seite; er erhofft sich dafür den Dank der Stadt, eine ehrenvolle Zukunft und zunehmende Seriosität, die er nötig hat. Die Wahrheit der Stadt ist, dass sie von dem Kurbad lebt und jeder grundsätzliche Eingriff in das Badegeschehen, etwa eine mehrjährige Schließung des Bades zur Sanierung, der soziale und wirtschaftliche Ruin wäre. Beide Wahrheiten sind richtig, schließen aber einander aus. Ibsen ging dialektisch mit Wahrheit und Freiheit um, die keine unveränderbaren Inhalte besitzen, son-

Grenzen zwischen Wahrheit und Lüge fließend

dern sich entwickeln. Die Grenzen zwischen Wahrheit und Lüge hielt er für fließend; Lüge in Form der Lebenslüge erschien ihm bedingt sogar zulässig und „notwendig"[117], um Individuen zu schützen und Ideale zu erhalten. Tomas Stockmanns Freiheitsbegriff ist diffus; er verzichtet auf genaue Kenntnisse („das ist mir doch völlig egal", 44), auf zu prüfende Zusammenhänge und auf die Notwendigkeit, die Folgen seiner Äußerungen zuvor zu bewerten (44). Maßstab für sein Verhalten ist seine Individualität: „Ich will die Freiheit haben, mich zu allen Angelegenheiten dieser Welt zu äußern." (44). Er legt die Dauer einer „normal veranlagte(n) Wahrheit" (86) auf „siebzehn bis achtzehn, höchstens zwanzig Jahre" (87) fest. Stockmanns Ansprüche als Arzt und Wissenschaftler ergeben sich aus naturwissenschaftlichen Erkenntnis-

„richtig" oder „falsch"

sen, die in der Regel nur die Entscheidungen „richtig" oder „falsch" kennen:

---

117 Brandes, *Henrik Ibsen*, S. 69 f.

„Meine Beweisführung ist schlagend und wahr" (40). Unter Wahrheit versteht er nicht gesetzmäßig begründete naturwissenschaftliche Vorgänge, sondern gesellschaftliche Entwicklungen. Das Verhalten der Majorität ergibt sich aus sozialem Verhalten und ökonomischen Möglichkeiten, die bevorzugt nach „möglich" oder „unmöglich" „möglich" oder „unmöglich" entschieden werden und Zwischenstufen kennen. Peter Stockmann weist auf diesen Gegensatz hin: „Die Angelegenheit, um die es sich hier handelt, ist nicht rein wissenschaftlich, sie ist sowohl technischer als auch ökonomischer Natur." (44) Natürlich wäre es „richtig", das Bad stillzulegen und über zwei Jahre zu sanieren, aber es wäre nicht „möglich": Die Einwohner der Stadt, die ihre Existenz uneingeschränkt an das Bad geknüpft haben und die diese Sanierung bezahlen müssten, aber dann keine Einnahmen haben, sind nicht in der Lage, die „richtige" Entscheidung zu tragen, da nicht nur das Bad geschlossen bliebe, sondern auch die Einwohner hoffnungslos und auf Dauer verarmen würden. Der Aufstieg der Stadt zum Badeort hat gerade erst begonnen und brächte der Stadt „eine nennenswerte Zukunft" (39). Aus diesem Widerspruch zwischen naturwissenschaftlicher und sozialer Wahrheit entsteht in dem Stück die Ironie, die bis zu komödienhaften Zügen reicht. Entsprechend der geistigen Gesamtanlage der Stücke Ibsens gab es im *Volksfeind* keine gültigen Antworten. Im folgenden Stück *Die Wildente* ging es erneut um Wahrheit oder Lüge; und nun fragte sich der gleiche Ibsen, der Dr. Stockmann zu seinem Sprachrohr für die Wahrheit gemacht hatte, in der Gestalt des Gregers Werle, ob nicht für viele Menschen eine solche Begegnung mit der Wahrheit tödlich sein kann – Hedwig in der *Wildente* stirbt tatsächlich daran – und sie nur mit der Lüge leben können. Stockmanns Vorsatz, zwölf Jungen zu freien Männern zu erziehen und damit eine säkulare Entsprechung zu Jesus und seinen Jüngern zu schaffen, kehrt als Drohung zurück: Bei Werles waren „dreizehn bei Tische" (SW 7, 222), wie der Großkaufmann Werle erschrocken erkennt; Untergang ist angesagt und tritt ein.

Betrachtet man *Ein Volksfeind* genauer und vergleicht es mit anderen Stücken Ibsens, muss Hansteins Einschätzung erweitert werden:

Fortsetzung der Ideen einer Menschen- und Menschheitserneuerung

Es findet sich in dem Stück eine Fortsetzung der Ideen einer Menschen- und Menschheitserneuerung, die Ibsens Begriff vom „dritten Reich" aufnimmt und hier nur sehr vereinfacht angedeutet werden kann:

In *Kaiser und Galiläer* (1873) hatte Ibsen diese Idee entwickelt, in Hinsicht auf das Christentum angeregt von Kierkegaard, bei der Abfolge der drei Reiche von der Dialektik Hegels beeinflusst. Auch zeitgenössische Ereignisse wie der Deutsch-Französische Krieg von 1870/71 und die Entwicklung einer frühsozialistischen Gesellschaftslehre von Saint-Simon wirkten ein. – Der römische Kaiser Julian Apostata (331–363) drängte das im Reich verbreitete Christentum zu Gunsten der antiken Götter und der östlichen Mysterienkulte zurück. Die entscheidenden Geschichtsepochen der Menschheit sind nach Ibsen durch den Weltwillen geschehen, der die Individuen zwingt, so zu handeln, wie es für die Entwicklung notwendig ist. Zwei Reiche liegen bereits hinter den Menschen, das Reich der Erkenntnis und das Reich des Glaubens. Um sie zu gründen, bedurfte es der zerstörerischen Kräfte: Die erste

Das „dritte Reich"

Kraft war Kain, die zweite Judas. Das „dritte Reich" wird eine neue Qualität aus den vergangenen Reichen und den neu entstandenen Erkenntnissen werden. Der Kaiser soll Gott und Gott Kaiser werden; Tomas Stockmann sieht sich als „einer der stärksten Männer auf der ganzen Welt" (120). Er sieht sich als Mensch von messianischer Größe, wie der Messias ein Mensch war. Das „dritte Reich" vereinigt Glauben und Wissen, Schönheit und Wahrheit, Daseinsfreude und Entsagung, Recht des Individuums und Opferbereitschaft für die Gesellschaft zu einer menschlichen Selbstbestimmung, die alle Beschränkungen aufhebt. Thomas Mann hat Ibsens „drittes Reich" 1921 treffend als eine europäische Idee beschrieben: „Seine Synthese ist die von Aufklärung und Glauben, von Freiheit und Gebundenheit, von Geist und Fleisch, ‚Gott' und ‚Welt'."[118] Das dritte Reich ist das Reich der Adelsmenschen, der „freien, vornehmen Männer" (119). Tomas Stockmann sieht sich als Erzieher der Menschen eines solchen Reiches, notwendigerweise zerstört er damit das bestehende Reich.

Es liegt nahe, Tomas Stockmanns Rede (4. Akt) mit Reden Ibsens aus den 1880er Jahren zu vergleichen. Dabei fällt die Rede ins Auge, die Ibsen am 24. September 1887 im „Grand Hotel" in Stockholm hielt. Ibsen hatte im dänischen Frederikshavn seinen Biografen Henrik Jaeger empfangen, war dann nach Schweden gereist und sprach dort auf einem Empfang, den man ihm zu Ehren gab (vgl. S. 124 der vorliegenden Erläuterung). Seine Rede verwendete Erkenntnisse von Darwin und Ernst Haeckel, wie Zeitgenossen bemerkten[119], und fiel mit ihrem atheistischen und dialektischen Charakter auf. Höflicher als Stockmann, aber mit der gleichen Entschiedenheit entwarf der Dichter den Untergang der bestehenden Gesellschaft, die im *Volksfeind* zudem noch „eine verlogene Gemeinschaft" (93) ist. Er skizzierte perspektivisch eine Haltung, in der „freies Denken und Moral fast dasselbe sind" (91), nur würden es wenige begreifen; Denken und Moral in dieser Form könnten schließlich in Politik umschlagen und von der Menge übernommen werden. Stockmanns Rede entspricht den Absichten Ibsens, aus der vorhandenen Demokratie einen Nichtstaat, eine Herrschaft der Adelsmenschen zu machen. Was in dem Stück geschieht, was Tomas erlebt, ereignet sich nach demokratischen Grundregeln. Mit ihnen werden Wahrheit, vorhandene Gefahren, Rechte der Individuen und soziale Widersprüche verdrängt und durch Besitz-

> Stockmanns Rede (4. Akt)

---

118 Thomas Mann: *Russische Anthologie*. In: Thomas Mann: Altes und Neues. Berlin und Weimar: Aufbau-Verlag, 1965, S. 578

119 Unter ihnen der norwegische Staatsminister Ole Richter, der sich 1866 für eine Dichtergage an Ibsen eingesetzt hatte; vgl. Ferguson, S. 414 f. und SW 10, 434.

denken sowie Gewinnstreben ersetzt. Dagegen setzte Ibsen seine Vorstellung von den „freien, vornehmen Männer(n)" (119), vom Adel des Geistes – den Ibsen lebenslang propagierte –, von den Vordenkern der gesellschaftlichen Entwicklung, deren Aufgabe es sei, die „Wölfe in den Wilden Westen (zu) jagen" (120). Wölfe waren nach Stockmann – und auch nach Ibsen – „vor allem die Parteiführer, die man ausrotten muss" (118), denn diese sind „wie ein Wolf, ... ein gefräßiger Isegrim" (118).

3. Themen und Aufgaben

Die Verweise der Lösungstipps beziehen sich auf die Seiten der vorliegenden Erläuterung.

1) Thema: Dr. Tomas Stockmann und die gesellschaftliche Verantwortung

Textgrundlage: gesamter Text
Lösungshilfe: S. 56, 65 ff.

▶ Erklären Sie die unterschiedlichen Positionen von Thomas und Peter Stockmann, von denen aus sie argumentieren.

▶ Was verstehen beide unter „Wahrheit"?

▶ Erklären Sie den Zusammenhang von Kurbad und Gesellschaft.

2) Thema: Tomas Stockmann und die Gesellschaft

Textgrundlage: gesamter Text
Lösungshilfe: S. 50 ff., 96 f.

▶ Wie verhalten sich Stockmanns Vorhaben und die gesellschaftlichen (städtischen) Interessen zueinander?

▶ Bewerten Sie Stockmanns Erkenntnis, dass der stärkste Mann der Welt der ist, „der ganz allein dasteht" (120).

▶ Welche Ziele stellt sich Stockmann am Schluss und welche Bedeutung haben sie?

▶ Beschreiben Sie die Beziehung von Stockmanns Zielstellungen mit Ibsens Ideen von einem „dritten Reich".

▶ Untersuchen Sie Stockmanns Verhalten. Ist er ein Held oder ein Narr?

3) Thema: Der 4. Akt

Textgrundlage:
4. Akt
Lösungshilfe:
S. 54 f., 97 f.

▶ Beschreiben Sie die dramaturgische Besonderheit des Aktes.
▶ Erklären Sie Stockmanns Vorstellungen von Majorität und Minorität.
▶ Vergleichen Sie Stockmanns Rede mit Ibsens Rede in Stockholm 1887.
▶ Beschreiben und bewerten Sie die Rolle der Presse.

4) Thema: Die Rolle des Kurbades

Textgrundlage:
gesamter Text
Lösungshilfe:
S. 39 f., 44 ff., 51

▶ Welchen Anteil hatten Tomas und Peter Stockmann an der Entstehung des Kurbades?
▶ Wie und wann entsteht zwischen ihnen der Konflikt, welche Steigerung erlebt er und welche Lösungen bieten sich an? Entscheiden Sie, wie gehandelt werden soll.
▶ Das Kurbad wird zur „Metapher". Erläutern Sie, wofür sie steht.
▶ Erörtern Sie die damalige und die heutige Bedeutung der verseuchten Wasserleitung und gehen Sie auf entsprechende Umweltprobleme ein. Wie weit hat Ibsen sie mitgedacht?

5) Thema: Die Ebene des Geheimnisvollen

Textgrundlage:
gesamter Text
Lösungshilfe:
S. 59 ff., 61, 64,
91 f.

▶ Welche Ursachen hatte Tomas Stockmanns Aufenthalt im Norden?
▶ Erklären Sie Kapitän Horsters dramaturgische Funktion.

▶ Wie verhalten sich die Eheleute Stockmann
zueinander?
▶ Welche Funktion haben die zahlreichen
Zitate aus dem Neuen Testament und die
Anspielungen auf biblische Ereignisse?

4. Rezeptionsgeschichte

Das Stück erschien am 28. November 1882 in Kopenhagen (Dänisch und Norwegisch waren zu dieser Zeit im Druck identisch). Die erste Auflage betrug 10.000 Exemplare, für ein Drama eine hohe Zahl. Der Verleger hoffte, dass die heftigen Auseinandersetzungen um die *Gespenster* den Verkauf fördern würden. Dem war nicht so; bis 1897 war keine zweite Auflage nötig. – Noch bevor das Stück 1883 (Reclam Leipzig, übersetzt von W. Lange) ins Deutsche übersetzt worden war, gab es erste Informationen. Im *Magazin für die Literatur des In-und Auslandes*, das bereits 1880 auf Ibsens Ansehen in Deutschland verwiesen hatte, erschien in der Nr. 44 (Herbst 1882) die Notiz: „Hendrik (sic!) Ibsen hat ein neues Schauspiel beendet: *Die Vijanden des Volks* (*Die Feinde des Volkes*)."[120] Es schloss sich eine Kampagne für das Stück an: Zuerst erschien

Kampagne für das Stück

eine ausführliche Abhandlung von Ludwig Passarge – einem erfahrenen Ibsen-Übersetzer –, in der er Stockmanns Bemühungen, die Lüge nackt zu zeigen, scheitern sieht, aber: „In der Freude des Zuschauers über seinen (Tomas Stockmanns, R. B.) moralischen Sieg liegt die Hauptwirkung dieses Dramas, das man daher ebenso gut eine Tragödie nennen könnte."[121] Ibsen habe eine Entwicklung genommen, die von der Analyse des Einzelnen (*Bund der Jugend*) über die einer Klasse (*Stützen der Gesellschaft*) bis zu der Analyse der gesamten Gesellschaft in *Ein Volksfeind* geführt habe. Nur mit dem Ende ist Passarge unzufrieden: „Ob der Schluss zu befriedigen geeignet ist? Ich möchte es nicht bejahen. Der einsamste Mann mag immerhin der vornehmste sein, zum stärksten macht

---

120 *Literarische Neuigkeiten*. In: Das Magazin für die Literatur des In- und Auslandes, hrsg. von Eduard Engel. Leipzig 1882, 51. Jahrgang, Nr. 44, S. 606

121 Ludwig Passarge: *Ein neues Drama von Ibsen*. In: Das Magazin für die Literatur des In- und Auslandes, hrsg. von Eduard Engel. Leipzig 1883, 52. Jahrgang, Nr. 7, S. 98

ihn erst sein Einfluss auf andere."[122] Die Zeitschrift veröffentlichte entgegen der sonst üblichen Praxis in der Nr. 8 (1883) Teile des 4. Aktes aus Ibsens *Ein Volksfeind*: Mit Zustimmung des Reclam-Verlages, übersetzt von Wilhelm Lange und vom Dichter autorisiert. In der nächsten Nummer (Nr. 9) wurde mitgeteilt, dass von dem Stück in Skandinavien bereits 10.000 Exemplare verkauft worden seien. In den folgenden beiden Nummern erschienen Auszüge aus Ludwig Passarges erfolgreichem Buch *Henrik Ibsen* (1883).[123] Zum Abschluss dieser Serie zu Ibsen und seinem Stück erschien eine Rezension über Passarges Ibsen-Buch, in der Ibsens Realismus unter deutlichem Bezug auf *Ein Volksfeind* bestimmt wurde: „Es ist der Realismus Zolas, die Schilderung der nackten Wirklichkeit und Jämmerlichkeit ohne Streben nach versöhnenden und idealen Momenten, der Realismus einer pessimistischen Betrachtung der Dinge, die Bekämpfung der Lüge in jedweder Gestalt in Gesellschaft, Staat und Kirche."[124] Im Falle des *Volksfeindes* wurde auch die Übersetzung von Emma Klingenfeld, die 1883 bei S. Fischer erschien, vom Autor autorisiert. Emma Klingenfeld (1846–1935) hatte 1881 Ibsen mit einem Gedicht zum Geburtstag gratuliert, aber schon um 1875 die frühen Werke Ibsens aus freien Stücken übersetzt.

Die Uraufführung sicherte sich das Christiania-Theater; sie fand am 13. Januar 1883 in Kristiania (Christiania heißt seit 1877 Kristiania und seit 1924 Oslo.) statt (Regie: Johannes Brun); 27 Aufführungen folgten. Niemals zuvor hatte Ibsen so viele Hinweise an einen Theaterleiter wie in diesem Fall an Hans Schröder (1836–1902) gegeben, die bis zur Körpergröße und Haltung der Schauspieler gingen: Hovstad solle „eingefallen und gebeugt" erscheinen, Horster,

Uraufführung

---

122 Ebd., S. 102
123 Vgl. zu Passarges Ibsen-Biografie: Bernhardt, *Ibsen und die Deutschen*, S. 246 ff.
124 Karl Kleinpaul: *Henrik Ibsen* (Rezension). In: Das Magazin für die Literatur des In- und Auslandes, hrsg. von Eduard Engel. Leipzig 1883, 52. Jahrgang, Nr. 47, S. 680

der wegen Hovstad und Billing selten ins Haus komme, müsse ein junger Mann sein mit dem Ziel „eines warmen und innerlichen Verhältnisses" zu Petra.[125] Der Schauspieler, der Peter Stockmann spielen solle, passe dem Äußeren nach nicht zu einem Mann mit schlechter Verdauung und dünnem Tee; und der Schauspieler, der Tomas spielen solle, „harmonisiert nicht mit dem Temperament eines Dr. Stockmann; hitzige Menschen sind im Allgemeinen zarter gebaut."[126]

Anders als bei den *Gespenstern* drängten sich die Theater nach der Aufführung des Stückes; für die Aufführungsrechte forderte Ibsen als Rache für den Umgang mit den *Gespenstern* das doppelte Honorar. Die deutsche Erstaufführung des *Volksfeindes* fand am 5. März 1887, zwei Monate nach der berühmten Aufführung der *Gespenster* am 9. Januar 1887 (einmalige Sonntagsmatinee im Berliner Residenztheater), in Berlin statt; so sehr hier ein geistiger Zusammenhang hätte hergestellt werden können, so wenig wurde er erkannt. Die Aufführung im vorstädtischen Ostend-Theater im März 1887 wurde unterschiedlich beurteilt. Für die einen blieb sie weitgehend unbeachtet, da ihr die schauspielerische Qualität fehlte.[127] Otto Brahm erlebte nicht nur „lebhaftesten Beifall"[128], sondern stellte bei unterschiedlichstem Publikum gleich ausgeprägtes großes Interesse für das Stück fest – „welch besserer Beweis seiner dramatischen Gestaltung wäre möglich?"[129]

deutsche Erstaufführung

Freundschaftliche Beziehungen hatte Ibsen zum Hof in Meiningen; 1875 wollte Ibsen dort sogar eine Stelle am Theater ein-

---

125 Brief Ibsens an Hans Schrøder vom 14. Dezember 1882. In: Ibsen, *Dichter über ihre Dichtungen*, Bd. 10/II, S. 101

126 Brief Ibsens an Hans Schrøder vom 24. Dezember 1882. In: Ibsen, *Dichter über ihre Dichtungen*, Bd. 10/II, S. 102 f.

127 Siegfried Jacobsohn: *Ibsen und Berlin*. In: Die Berliner Moderne 1885–1914, hrsg. von Jürgen Schutte und Peter Sprengel. Stuttgart: Reclam, 1987, S. 382

128 Otto Brahm: *Theater. Dramatiker. Schauspieler*. Berlin: Henschelverlag Kunst und Gesellschaft, 1961, S. 171

129 Ebd., S. 176

nehmen. Wie schon bei den *Gespenstern* übernahm auch bei *Ein Volksfeind* das berühmte Hoftheater Georgs II. von Meiningen eine Vorreiterrolle. Das Stück wurde am 4. März 1888 aufgeführt.[130] Der Herzog hatte den Dichter und dessen Frau eingeladen, aber Ibsen reiste nicht zu der Aufführung. Immerhin hatte die deutsche Erstaufführung bewirkt, dass nach Ibsens Durchbruch 1878 und den sporadischen Auseinandersetzungen 1887/88 – mit der Zensur und der konservativen Theaterkritik nach den ersten Aufführungen der *Gespenster* in Augsburg, Meiningen, ein Gastspiel der Meininger in Dresden und in Berlin – Ibsens Werke auf dem deutschen Theater zwar noch gering vertreten waren, aber in der Abfolge *Gespenster, Ein Volksfeind, Die Wildente* und *Rosmersholm* eine Entwicklung einleiteten, „welche die fruchtbarsten Folgen haben kann und hoffentlich auch haben wird"[131].

Als 1889 Gerhart Hauptmann mit *Vor Sonnenaufgang* der naturalistischen Bewegung den Weg auf die Bühne frei machte, nachdem sie andere Bereiche wie Verlage, Presse und Anthologien bereits erkämpft hatte, konzipierte Otto Brahm eine Dramen-Reihe, in der die „Macht der genialen Persönlichkeit ..., welche sich gegen die Gesellschaft aufbäumt"[132], erkennbar würde: „Shakespeares Coriolan, Schillers Karl Moor, Kleists und Otto Ludwigs Helden, Ibsens *Nora* und sein *Volksfeind* mögen das bezeugen; ihnen tritt Gerhart Hauptmann mit sicherem Schritt nun zur Seite."[133] Im Jahr darauf, 1890, eroberte Ibsens *Ein Volksfeind* gleich zwei Bühnen: Die Freie Volksbühne inszenierte das Stück am Ort seiner deutschen Erstaufführung, im Berliner Ostend-Theater, und im Lessing-Theater wurde er ebenfalls aufgeführt. Beide Aufführungen zeigten unter-

---

130 Alfred Erck, Hannelore Schneider: *Georg II. von Sachsen-Meiningen.* Zella-Mehlis/Meiningen: Heinrich-Jung-Verlagsgesellschaft mbH, ²1999, S. 407

131 Otto Brahm: *Theater. Dramatiker. Schauspieler.* Berlin: Henschelverlag Kunst und Gesellschaft, 1961, S. 192

132 Otto Brahm: *Gesellschaftsdrama und soziales Drama.* In: ders.: *Theater. Dramatiker. Schauspieler.* Berlin: Henschelverlag Kunst und Gesellschaft, 1961, S. 47

133 Ebd.

schiedliche Deutungen: Das vornehme Lessing-Theater stellt einen Volksfeind vor, der sich wie eine Märchengestalt gab, zunehmend zum „bewusst-idealen Seher", zum „Priester der Wahrheit"[134] wurde. Die Inszenierung der Freien Volksbühne, die in einem un-

Kern des Stückes

geheizten Theater und mit erheblicher Verspätung stattfand, legte den politischen Kern des Stückes bloß:

> *„Dass die bürgerliche Gesellschaft auf einem Moorgrunde von Lüge und Unfreiheit steht, darüber waren der Dichter und sein Publikum bald einig; aber auch die tiefergreifenden Wahrheiten dieses idealen Anarchisten, dieses aristokratischen Radikalen, der sein volles, warmes, törichtes, kluges Wollen mit Kindersinn offenbart, trafen auf nachdenkliche Empfänglichkeit."*[135]

Fast 100 Jahre später geäußertes Unverständnis über diese Aufführung, weil das Publikum gebannt dem Stück folgte und der Volksversammlung im 4. Akt einen „Beifallssturm" schenkte, geht vom Irrtum aus, „die antisozialistische bzw. antidemokratische Tendenz von Ibsens *Volksfeind* (sei) ... leicht ersichtlich"[136]. Die Zuschauer in der Freien Volksbühne hatten diese Tendenzen nicht vermerkt, sondern fanden die Lebenswirklichkeit der bürgerlichen Gesellschaft.[137] Bruno Wille (1860–1928), Gründer der Freien Volksbühne und Wortführer der Friedrichshagener (eine aus der naturalistischen Bewegung hervorgegangene lose Gruppierung), sah in einer Einführung zu Ibsens Stück weiter und ging auf Ibsens Verständnis von der Masse ein, die Notwendigkeit der „Adelsmenschen" und einer dazu notwendigen Bildung. Die Gründung der ersten Volkshochschule war eine Folge. Wille polemisierte gegen sozialdemokratische Kultur- und Gesellschaftspolitik; zum

---

134 Ebd., S. 180
135 Ebd.
136 Scherer, S. 99
137 Heinrich Hart: *Literarische Erinnerungen*. In: Heinrich Hart: Gesammelte Werke, Bd. 3. Berlin: Fleischel, 1907, S. 81

Kreis der „Jungen" in der SPD gehörend stand er 1890 erstmals auf einem Parteitag am Pranger und wurde 1891 aus der Partei ausgeschlossen.[138] Zeitgenossen wie Alfred Kerr sahen zwischen Stockmanns „Wikingerseele" und Willes Idealismus Ähnlichkeiten, insbesondere beim „Mut, die ‚vielgerühmte Moral' als eine Feindin der Gedankenfreiheit hinzustellen"[139].

1893 hatte Ibsens *Ein Volksfeind* Innsbruck und Paris erreicht und erregte in Paris die Gemüter: Kritiker sahen Tomas Stockmann als idealen Anarchisten und stellten ihn in die revolutionären französischen Traditionen, in die direkte Nachfolge von George Sand und anderen Schriftstellern, die auf gesellschaftliche Veränderungen gedrängt hätten. Diese Sicht auf das Werk ließ es 1898 in Frankreich zusätzlich aktuell werden: *Ein Volksfeind* wurde anlässlich von Ibsens 70. Geburtstag von Aurélien-Marie Lugné, genannt Lugné-Poe, der selbst ein ausgezeichneter Ibsen-Darsteller war, am 29. März 1898 aufgeführt; die Aufführung schlug um in eine grandiose Huldigung für Émile Zola und sein Verhalten im Kampf um Alfred Dreyfus. Der französische Hauptmann Dreyfus, ein Jude, wurde wegen Geheimnisverrats an die Deutschen angeklagt und verurteilt; tatsächlich handelte es sich um eine Intrige. 1895 wurde Dreyfus degradiert und zu lebenslanger Haft verurteilt. Der Vorgang wurde zum dominierenden Thema und bestimmte in Frankreich die öffentliche Diskussion, zumal sich immer mehr Zweifel an Dreyfus' Schuld einstellten und immer stärker die Verurteilung antisemitisch bedingt erschien. Auf dem Höhepunkt der Auseinandersetzungen mischte sich Zola ein und publizierte am 13. Januar 1898 den offenen Brief *J'accuse* (*Ich klage an*), einen Brief im Stile der Rede Tomas Stockmanns: „Ihnen, Herr Präsident, schreie

> Dreyfus-Affäre

---

138 Vgl. Rüdiger Bernhardt: *Ein rabenschwarzes Jubiläum*. In: LDZ (Liberal-Demokratische Zeitung, Halle , 17. Oktober 1990

139 Alfred Kerr: *Wo liegt Berlin? Briefe aus der Reichshauptstadt 1895–1900*. Berlin: Aufbau-Verlag, ²1997, S. 105

ich die Wahrheit ins Gesicht – mit der ganzen Kraft der Empörung eines aufrechten Mannes."[140] Er entwickelte die Intrige in ihren weiten Verzweigungen und beschrieb Dreyfus als ein Opfer. Einen Tag nach der Veröffentlichung marschierte eine wütende Menge vor Zolas Haus und stieß Morddrohungen aus. Zuspruch bekam Zola von dem norwegischen Komponisten Edvard Grieg und dem norwegischen Dichter Bjørnson. Zola wurde im Februar 1898 wegen Verleumdung verurteilt und wiederum belagerte ihn eine hasserfüllte Menge. Im März feierten ihn die Besucher des *Volksfeinds* als einen zweiten Tomas Stockmann. Im August 1898 stellte sich heraus, dass die Anklage von Dreyfus eine Intrige war. Seine Rehabilitierung dauerte bis 1906.

1900 inszenierte der russisch-sowjetische Regisseur Konstantin S. Stanislawski (1863–1938) den *Volksfeind* im Künstlertheater Moskau (6. November 1900). Das Stück hatte dort den Titel *Doktor Stockmann* und wurde von Stanislawski anders als in Skandinavien und Deutschland gelesen: Er sah in Dr. Stockmann einen Helden im revolutionären Umfeld. Dass sich Stockmann nicht unterkriegen ließ, reichte aus, „um einen politischen Helden aus ihm zu machen."[141] Ende Januar 1906 kam das Künstlertheater Moskau zu Gastspielen nach Berlin und erlebte eine überwältigende Zustimmung, auch von Dichtern wie Gerhart Hauptmann und Arthur Schnitzler, Schauspielern und Literaturwissenschaftlern. Neben Ibsens *Ein Volksfeind* spielte das Ensemble Tschechows *Onkel Wanja* und *Drei Schwestern* sowie Gorkis *Nachtasyl*. Alfred Kerr (1867–1948), einer der bedeutendsten deutschen Kritiker, war mit der Inszenierung zwar unzufrieden, bewunderte aber Stanislawski, „… doch war er Ibsens Dr. Stockmann nicht. Passives Leben! Was er nicht besaß, war das Helle des Temperaments; der Überschuss; das Wikingertum; die Draufgängerfreude; der Stich nach dem nor-

---

140 Zit. in: Veronica Beci: *Émile Zola.* Düsseldorf und Zürich: Artemis & Winkler Verlag, 2002, S. 295
141 Konstantin S. Stanislawski: *Mein Leben in der Kunst.* Berlin: Henschelverlag, 1951 S. 425

dischen Gascogner – mit einem Worte: das Helle."[142] Stanislawski spielte Stockmann als einen jüdischen Arzt, „den Besitzer eines Sanatoriums. Er gab einen Denker; dem die Ideen unentrinnbar entstanden ... Aber dem Stockmann Stanislawskis fehlte die Draufgängerei; die Wikingerschaft."[143] Kerr machte hier wesentliche Unterschiede zwischen norwegischer und russischer Dichterschaft und Schauspielkunst aus; es war der Unterschied zwischen der Härte Ibsens und dem märtyrerhaften Leiden Tschechows.

Max Reinhardt, Otto Brahms Nachfolger am Deutschen Theater Berlin, war zuerst als Schauspieler mit Ibsens Stücken vertraut. Er spielte unter Otto Brahms Leitung im Deutschen Theater 1901 den Aslaksen in *Ein Volksfeind*. Im Rahmen der Ibsen-Inszenierungen Otto Brahms und Max Reinhardts fand auch *Ein Volksfeind* seinen Platz. Brahm hatte *Ein Volksfeind* 1905 im Lessingtheater mit Albert Bassermann als Dr. Stockmann inszeniert. Am 8. März 1905 sah Gerhart Hauptmann diese Inszenierung. Ende 1908 nahm Brahm das Stück am Deutschen Theater wieder in den Spielplan auf, die aufgefrischte Inszenierung fand das Lob des gefürchteten Kritikers Alfred Kerr:

> *„Seht bei Brahm diesen Volksfeind; ihr werdet geschüttelt vom Lachen, auch wenn ihr nicht wollt, fünf Akte durch; ihr wackelt auf den Stühlen vor einem wahrhaft menschlichen Ulk – und zwischendrin ballt ihr die Faust, und eure Augen fangen zu glänzen an ... Aber wo lacht man so, und wo streift das Lachen so Wesentliches; wahrsten Ernst und Kämpferschaft?"*[144]

Den Dr. Stockmann spielte Albert Bassermann (1867–1952) als kleinbürgerlichen Kämpfer, der „aber letzte Dinge dieses menschlichen Verkehrs formelt und festlegt"[145]. 1915 spielte Bassermann

---

142 Alfred Kerr: *Der ‚russische' Volksfeind*. In: Alfred Kerr: Gesammelte Schriften. 1. Reihe: Die Welt im Drama, Bd. 5. Berlin: S. Fischer Verlag, 1917, S. 236
143 Alfred Kerr: *Ein Volksfeind*. In: ebd., S. 53
144 Alfred Kerr: *Ein Volksfeind*. In: ebd., S. 52 f.
145 Alfred Kerr: *Als Volksfeind*. In: ebd., S. 391

erneut den Dr. Stockmann, diesmal im Lessing-Theater (Berlin) unter der Regie Victor Barnowskys (1875–1952; 1913–24 Leitung des Lessing-Theaters). Wieder nahm Alfred Kerr dazu Stellung:

> *„In dem Schauspiel vom Doktor Stockmann (welcher die Wahrheit sagte) lässt Ibsen gar nichts weg; weil er jede Fugen-Möglichkeit bis zum Schlusse verfolgt; weil er den ,Fall' haben will; weil er ein Wikinger ist; weil er den Schwindel, in welcher Form er sich äußern mag, als Schwindel sieht ... und erklärt. Weil er früher nicht ruhen kann. So wird eine Gelegenheitsdichtung Ewigkeitsdichtung."*[146]

1907 inszenierten Louise Dumont und Gustav Lindemann am Düsseldorfer Schauspielhaus *Ein Volksfeind*. Es war Bestandteil einer umfassenden Ibsen-Retrospektive, die von Düsseldorf ausging. Louise Dumont widmete Ibsens Frauengestalten große Aufmerksamkeit, „denn in der Differenzierung der Frauenseele (sei) kein Dichter in der Weltliteratur Ibsen an die Seite zu stellen"[147]. In die Reihe der Frauen, deren Wirken auf die Lebensarbeit des Mannes „in der Erfüllung oder im Versagen der Lebensaufgabe des Mannes" deutlich werde, stellte sie auch „Frau Stockmann und Tochter"[148]. – Nach dem Ersten Weltkrieg und in der jungen Weimarer Republik verstärkte sich um 1923 die Besinnung auf die bewährten Stücke Henrik Ibsens, nachdem man zuvor einem expressiven Theater die Bühnen geöffnet hatte.

> Besinnung auf die bewährten Stücke Henrik Ibsens

An der Besinnung hatte auch *Ein Volksfeind* Anteil. Leopold Jeßner (1878–1945; Regisseur und Theaterleiter) hatte sich im August 1914 als Leiter der Hamburger Volksschauspiele mit einer Inszenierung des *Volksfeindes* verabschiedet.[149] Er übernahm 1919 das

---

146 Alfred Kerr: *Wieder als Volksfeind*. In: ebd., S. 392
147 Louise Dumont: *Vermächtnisse*. Hrsg. von Gustav Lindemann. Düsseldorf: Verlag von August Bagel, 1932, S. 173
148 Ebd., S. 179
149 Vgl. Günther Rühle: *Theater für die Republik im Spiegel der Kritik*, 1. Band. Berlin: Henschelverlag Kunst und Gesellschaft, 1988, S. 498

Berliner Schiller-Theater als zweites Haus neben dem Staatstheater Berlin (vorher: Königliches Schauspielhaus) und bot dem dortigen Publikum, das stärker auf Unterhaltung orientiert war, am 19. Oktober 1923 den *Volksfeind* an, gespielt von Eugen Klöpfer (1886–1950). Franz Servaes sah die Inszenierung so:

> *„Eugen Klöpfers Doktor Thomas Stockmann, wiewohl mitunter reichlich laut, ist eine Prachtleistung. Er nimmt den rebellischen Badearzt und Wahrheitsfanatiker als naiven Naturburschen von ursprünglichem Optimismus. Nie kann diesem Menschen der Gedanke kommen, dass er mit der Entdeckung vergifteter Heilquellen etwa was anderes sich verdienen könne als lautersten Dank. Dass die Aktionäre und Lokalinteressenten sich demgegenüber geschädigt fühlen und auf die Hinterbeine setzen, will in seinen Kopf gar nicht hinein.“*[150]

Anders beurteilte Herbert Ihering die gleiche Aufführung und den gleichen Schauspieler: „Klöpfer gab sich schon zu Beginn so aus, dass er die Figur kaum noch entwickeln konnte und deshalb an szenischen Höhepunkten in den Ersatzausdruck ausrutschte. Er wurde laut statt stark und ... statt menschlich entrüstet sentimental"[151]. Neu war in der Inszenierung von 1923, dass von Jeßner expressionistische Elemente in Ibsens Stücke aufgenommen wurden, mindestens in die Ausstattung. So wurde Stockmanns Zimmer in *Ein Volksfeind* in grellen Farben vorgestellt, „leuchtendes grelles Blau mit roter Tür" sollten „nicht die reale Stube, sondern das seelische Klima, das Jeßner wahrnahm"[152], vermitteln. Die Volksversammlung des 4. Aktes bekam sogar einen gespenstischen Charakter.

---

150 Franz Servaes: (*Menschenkunst*). In: Berliner Lokal-Anzeiger vom 20. 10 1923. Dokumentiert in: Günther Rühle: Theater für die Republik im Spiegel der Kritik, 1. Band. Berlin: Henschelverlag Kunst und Gesellschaft, 1988, S. 500

151 Herbert Ihering: *Theater in Aktion. Kritiken aus drei Jahrzehnten*. Berlin: Henschelverlag Kunst und Gesellschaft, 1986, S. 138

152 Günther Rühle: *Theater in Deutschland 1887–1945. Seine Ereignisse – seine Menschen*. Frankfurt am Main: S. Fischer Verlag, 2007, S. 456

Diese Phase der Rezeption wurde vorwiegend von der Identifizie-

Identifizierung mit dem Wahrheitssucher Tomas Stockmann

rung mit dem Wahrheitssucher Tomas Stockmann bestimmt; sie ließ kaum Raum für ein Verständnis von *Ein Volksfeind* als Tragikomödie, obwohl die sich zwingend anbietet. Obwohl das Stück die europäischen Bühnen eroberte – auch ungarische, kroatische und polnische – und bald auch in den USA gespielt wurde, obwohl das Stück bis heute ständig aufgeführt wird und zu den am meisten inszenierten Stücken Ibsens zählt, gehört es nicht zu den „Zugstücken" des Dichters. Ein Grund dafür ist Ibsens Polemik gegen die verständnislose Majorität und die Unfähigkeit der Politik, mit Wahrheiten umzugehen, für die es keine einfachen Lösungen gibt. Manche Interpreten meinten sogar, es könne „den Dichter und sein Drama nur ehren"[153], dass dieses Stück immer mit einer gewissen Distanz gesehen wurde. Anlässlich des 100. Geburtstages Ibsens 1928 fanden weltweit Jubiläumsveranstaltungen statt, *Ein Volksfeind* wurde unter anderem in London, Helsinki, Washington, New York, Amsterdam und Reykjavik aufgeführt.[154]

Im Dritten Reich

Im Dritten Reich gehörte Ibsens *Ein Volksfeind* zu den Stücken Ibsens, „die am stärksten in ideologischem Sinne missbraucht wurden", vor allem um „bestimmte ‚Verfallserscheinungen' der Weimarer Republik massiv anzugreifen"[155]. Reich-Ranicki berichtete zweifach falsch: Ibsen wurde nach 1933 nicht, wie er meinte, „nur selten aufgeführt"[156]: Zwischen 1933 und 1944 gab es in Deutschland 3334 Aufführungen der Stücke Ibsens, darunter 133 Aufführungen des *Volksfeindes*.[157] Ibsen war, wie die Aufführungsflut bis heute

---

153 Reich, S. 245
154 Vgl. *Minneutstilling Henrik Ibsen* 23. Mai 1956 (Katalog Nr. 649). Oslo: Universitetsbiblioteket, 1956, S. 84
155 Englert, S. 132
156 Marcel Reich-Ranicki: *Mein Leben*. München: dtv, 1999, S. 111
157 Englert, S. 144 f.

zeigt, auch keineswegs „veraltet"[158], sondern unter verschiedenen Gesichtspunkten in höchstem Maße gegenwärtig. –

Ein Volksfeind gehörte zu den Lieblingsstücken des Reichsdramaturgen Rainer Schlösser, der ihn empfahl, denn er sei besonders „aktuell".[159] Die Aktualität war ein heterogenes Gebilde: Einmal wurde Ibsen als nordisch-germanischer Dichter gesehen, damit als Verbündeter unter dem Aspekt des Rassenwahnsinns. Zum anderen wurde seine Kritik am erstarrten demokratischen System auf die verhasste Weimarer Republik – die „Systemzeit" – aufgelegt, zur Verdeutlichung wurden bei Aufführungen Textänderungen vorgenommen, die „kompakte Majorität" erhielt das Epitheton „marxistisch" und „analog dazu bezeichnete Tomas Stockmann sich selbst als ‚Faschisten'"[160]. Ergänzungen wurden zu Fälschungen; von Ibsens ursprünglicher Kritik an Opportunismus und unbrauchbar gewordenen Demokratiebestandteilen war nichts mehr vorhanden. Dafür wurde die bei Ibsen ironisch ausgestellte Selbstüberhöhung Stockmanns zum Ausdruck des elitären Denkens der Nazis stilisiert. Stockmann wurde in Einzelfällen Führerähnlichkeit zugesprochen.[161]

Ein Volksfeind wurde oft inszeniert, wobei die kaum zu übersehene Ironie des Stückes „geflissentlich übersehen wurde"[162], dafür wurde „Verfall" mit Liberalismus gleichgesetzt, eine Formulierung, die sich leicht bei Ibsen finden ließ, dort allerdings andere geschichtliche Ursachen hatte und im Wesentlichen für eine korrumpierte Presse galt. Die Aufmerksamkeit, die *Ein Volksfeind* im Faschismus erhielt, führte 2006 zu einer bizarren Deutung eines amerikanischen Wissenschaftlers[163], der mit Ibsens Stücken den Charakter Hitlers zu erklären meinte: Schon Hitlers *Mein Kampf* habe Text-

158 Marcel Reich-Ranicki, zitiert bei Englert, S. 144 f.
159 Zit. bei Englert, S. 215
160 Englert, S. 217
161 Vgl. Englert, S. 226 und 229
162 Englert, S. 216
163 Steven F. Sage: *Ibsen and Hitler: The Playwright, the Plagiarist, and the Plot for the Third Reich.* New York: Caroll and Graf, 2006

elemente von *Ein Volksfeind* verwendet; Begriffe wie „aristocrats"
oder „natural science" seien bei Hitler zu „aristocratic principle of
Nature" geworden. Dass Übersetzungen eine Rolle spielen könnten
und dass die Begriffe Ibsens aktuelle Begriffe der Philosophie
Nietzsches und des Zeitgeschehens waren, wurde vom Autor nicht
bedacht. Dafür konstatierte er, *Ein Volksfeind* habe neben anderen
Stücken, darunter *Kaiser und Galiläer*, Hitler zu seinen Erobe-
rungsplänen samt Kriegen inspiriert. Er habe die Stücke in der
Politik nachspielen wollen.[164] Diese Enthistorisierung des Faschismus war nichts anderes als ein weiterer Versuch der Verharmlo-
sung nationalsozialistischer Verbrechen.

Nach dem Zweiten Weltkrieg Nach dem Zweiten Weltkrieg wurde das
Stück ohne Verzug weiterhin inszeniert;
nur wenige Aufführungen aus der Vielzahl können genannt werden. Dabei wurden auch veränderte Interpretationen versucht.

1972 inszenierte **Dietrich Haugk** bei den Ruhrfestspielen eine
freie Bearbeitung, in der Tomas Stockmann zu einem auffallend
totalitär argumentierenden Menschen wurde; seiner Frau gab die
Inszenierung einen Thronsessel in Form eines Sofas, über dem ein
Baldachin schwebte, als ihren Handlungsort. An der Wand hing
das Bild Kaiser Wilhelms II.[165]

1975 kam in der Regie von **Klaus Erforth** und **Alexander Still-
mark** in den Kammerspielen des Deutschen Theaters, also an his-
torischer Stelle, *Ein Volksfeind* auf die Bühne. Die Kritik würdigte
die Aufführung als glanzvollen Theaterabend. Er zeige Ibsens geniale Fähigkeiten, seine Stücke zu bauen und geistig zu organisie-
ren. Andererseits werde alles sehr gegenwärtig dargestellt, weder
tragisch, noch werde Dr. Stockmann (Kurt Böwe) zur komischen
Gestalt. Aber dieser Tomas Stockmann scheine die kongeniale
Verkörperung der von Ibsen beschriebenen Gestalt zu sein (s.
S. 128 f. der vorliegenden Erläuterung). Zudem erweise sich, „dass

---

164 Ebd., S. 4 ff.
165 Haakonsen, S. 177, Abb. 229

sein (Ibsens, R. B.) *Volksfeind* gesellschaftlich immer noch nicht überholt ist."[166]

1977 wurde eine Fernsehinszenierung der ARD (Bayerischer Rundfunk, München; Regie: **Georg Marischka**) zum Desaster: „Dilettantischer und langweiliger kann man Ibsens *Volksfeind* nicht inszenieren – dilettantischer und langweiliger nicht. Das war kein Fernsehstück, das war schlechtes Theater."[167] Das Problem der Inszenierung war, dass auf Ibsens bedeutungsvolles Bühnenbild samt Requisiten, auf die Ebene des Geheimnisvollen und des szenisch-mimischen Geschehens völlig verzichtet, aber an die Stelle nichts anderes gesetzt wurde. Dabei wurde Tomas zum entproblematisierten langweiligen Idealisten und grundehrlichen Vorbild. Im gleichen Jahr nutzte **Etienne Berry** in Paris (Théâtre Edouard VII.) eine Bearbeitung des Stückes von Victor Haims, um die Skrupellosigkeit der Presse als Ausdruck der Moral der modernen bürgerlichen Gesellschaft zu betonen.

1988 inszenierte **Frank Castorf** in Karl-Marx-Stadt (heute: Chemnitz) *Ein Volksfeind* auf eigenwillige Art und legte Wert auf eine Verhaltensstudie Tomas Stockmanns. Ibsens Text war nur ein Anlass; tatsächlich entstand ein neues Stück, durchgängig ironisch angelegt und dem Kabarett nicht fern – das Programmheft druckte umfangreich Søren Kierkegaards *Über den Begriff der Ironie* (1841) ab –, manches ins Absurde mündend. Ibsens realistisches Bühnenbild, das voller Anspielungen und Metaphern ist, wurde zu Gunsten einer surrealistisch anmutenden Bühne in Blau aufgegeben, auf der auch Nora erschien („... ich komme aus einem anderen Stück ..."), Elemente aus Ibsens Stück *Klein Eyolf* wurden einmontiert und ein Mann „um die 54" geisterte mit der Maske Ibsens sprachlos herum. „Ironisch gebrochene Bilder, hellwache, ursprüngliche Schauspieler zeigen windige Anbiederung, schnüffelnde Aufdringlichkeit, sexuelle Frustration und demagogische

---

166 Carl Andrießen: *Theate-Eule*. In: Eulenspiegel 1975, Nr. 47, S. 6
167 Momos: *Ein stocksteifer Stockmann*. In: DIE ZEIT, 1977, Nr. 13 (vom 11. 3. 1977), S. 40

Fortschrittspose immer auch als politische Fehlleistung."[168] Die große Rede Stockmanns fand in einem Fernsehstudio statt, Hinweis auf die eingeschränkte und verlorengegangene Kommunikation in der Gesellschaft und auf die Isolation Stockmanns, der im Alkohol Trost sucht. Die Bürger hörten die Rede in großem Abstand in einer Sportarena. Der Vortrag seines Bruders, der in uniformem Schwarz im Stile eines KZ-Kommandanten agierte, wurde in Norwegisch gesprochen und übersetzt. Die Figuren bekamen keine Biografie und hatten keine Entwicklung, sondern sie wurden zusammengesetzt aus Facetten. Daraus entstanden Typisierungen, die „schlaglichtartig kennzeichnen: im Fall Hovstad den Opportunismus einer Journalistenkanaille"[169]. Das Stück schloss, indem die auf gepackten Koffern sitzende Familie Stockmann mit dem „Yellow Submarine"-Song der Beatles verabschiedet wurde.[170]

1990 inszenierte **Claus Peymann** (geb. 1937) *Ein Volksfeind* am Wiener Burgtheater und aktualisierte es für den österreichischen Wahlkampf, indem er Peter Stockmann, den konservativen Bürgermeister, in einem Kurt-Waldheim-Outfit erscheinen ließ. Waldheim (1918–2007) war nicht nur österreichischer Politiker – von 1986 bis 1992 Bundespräsident –, sondern 1972 bis 1981 Generalsekretär der UNO. Seit 1986 geriet er wegen seiner Laufbahn als deutscher Offizier und seiner Kenntnis von Verbrechen auf dem Balkan im Zweiten Weltkrieg in öffentliche Auseinandersetzungen, die zu seiner weitgehenden internationalen Isolation, zum Einreiseverbot in die USA und zur teilweisen Isolation Österreichs führten. Die Presse ging auf Peymanns Inszenierung kaum ein, Werklisten Peymanns nennen sie oft nicht.

1998 wurde die neue Spielstätte „Kommode" des *neuen theaters* in Halle (Saale) mit Ibsens *Ein Volksfeind* (Regie: **Hilmar Eichhorn**) eröffnet. Die Inszenierung steigerte den satirischen Zug im Stück

---

168 Erika Stephan: *Spielerisches mit Diagnose*. In: Sonntag Nr. 37, 1988, S. 6
169 Ingeborg Pietsch: *Porträt. Peter René Lüdicke* In: Theater der Zeit, Berlin 1988, Heft 5, S. 80
170 Über die widersprüchliche Wirkung vgl. Klaus Walther: *Vom armen Herrn Ibsen oder: Faszination und Widerspruch*. In: Freie Presse vom 18. Februar 1988, S. 6

zum Kabarett. Parodien und witzige Akzente verdeckten Ibsens ursprüngliche Absicht, die „kompakte Majorität" als wetterwendisch, opportunistisch und unmoralisch zu brandmarken. Statt zugespitzter Satire bekam der Zuschauer Situationskomik und Klamauk. So wurde der Dr. Stockmann Uwe Steimles zwar Anlass zur Heiterkeit beim Publikum, aber kein akzeptabler Gegenspieler seines Bruders. Die mögliche aktuelle Beziehung von Skrupellosigkeit und Aufschwung ging verloren: „Übrig blieb eine homöopathische Kurpfuscherei, deren wenige starke Momente vergebliche Mühe blieben."[171]

2004 inszenierte **Antoine Uitdehaag** *Ein Volksfeind* im Schauspiel Leipzig. Ohne größere Eingriffe in den Text wurde das Stück gegenwärtig angelegt. Das betraf vor allem den Zusammenhang zwischen möglicher Schließung des Kurbades und der Arbeitsplatzsituation, aber auch den Umschlag von politisch notwendiger Aufklärung, die Tomas Stockmann (gespielt von Michael Schütz) vornimmt, zu einem eitlen und selbstherrlichen Politiker, der sich wie ein Volkstribun gebärdet.

2005 drehte **Jan Erik Skoldbjærg** den Film *En folkefiende* (*Ein Volksfeind*. Drehbuch: Nikolaj Frobenius und Jan Erik Skoldbjærg) und setzte Akzente auf Umweltverschmutzung und Familienzerfall. Das wurde einer Entwicklung gerecht, die sich gegen Ende des 20. Jahrhunderts an Ibsens Stück anlehnte. Im Zusammenhang mit Frank Castorfs *Volksfeind*-Inszenierung von 1988 hatte der Theaterwissenschaftler Martin Linzer über das Stück geschrieben: „Ich kann Ibsens Stück lesen als komödische Vorwegnahme von Sartres *Fliegen*, ich kann es lesen als ‚grünes' Pamphlet."[172]

2007 inszenierte **Florian Fiedler** *Ein Volksfeind* im Schauspiel Frankfurt am Main mit einem jämmerlichen Tomas Stockmann, während sein Bruder vertrauensvoll wirkte. Das Publikum spielte als Volk mit und bekam seine Untätigkeit vorgeführt. –

---

171 Evelyn Finger: *Mit dummen Scherzen ins Off gespielt.* In: LVZ (Leipziger Volkszeitung) vom 27. Oktober 1998. Ähnlich war der Tenor in den meisten Kritiken, nur die Boulevard-Blätter fanden lobende Worte.

172 Martin Linzer: *Unterspielt.* In: Theater der Zeit, Berlin 1988, Heft 5, S. 4

4. Rezeptionsgeschichte

Ibsens Dr. Stockmann aus *Ein Volksfeind* und Tschechows Michail L. Astrow aus *Onkel Wanja* (1897) waren Ärzte; ihre Schöpfer hatten ihnen kein besonders ausgeprägtes Umweltbewusstsein mitgegeben, sondern sahen die Beziehung zur Umwelt als Metapher für die gesellschaftliche Wirklichkeit. Beide gingen aber eigene Wege und stießen deshalb auf Widerstand in ihrer Umgebung.

Umweltbewusstsein

> „*Ibsen und Tschechow zeigen, dass ein Umweltbewusstsein in den achtziger und neunziger Jahren des vorigen Jahrhunderts noch eine Ausnahmeerscheinung ist, dessen Forderungen sich die Gesellschaft widersetzt ... Als Gesellschaftskritiker sind die Ärzte Stockmann und Astrow ihrer Zeit voraus.*"[173]

Rezeption in anarchistischen Kreisen

Eine eigenständige Rezeption erfuhr Ibsens *Ein Volksfeind* auch in anarchistischen Kreisen. Der Ansatzpunkt war Stockmanns These, dass die Mehrheit „nie das Recht auf ihrer Seite" (85) habe. Daraus leiteten Anarchisten ihre Rechtfertigung für handelnde Minderheiten ab.[174] Im Paris um 1900 „reklamierten die Anarchisten"[175] das Stück für sich. Den um 1890 in Deutschland lebenden polnischen Schriftsteller Stanisław Przybyszewski (1868–1927), anarchistisch und am Satanismus interessiert, hatten Ibsens *Gespenster* und *Ein Volksfeind* erschüttert und beeindruckt.[176] Seine Dramen und Schriften, dem Satanismus und dem Anarchismus zugerechnet, maßen sich immer wieder an diesen Beispielen. Dem und anderem kann im Rahmen der vorliegenden Erläuterung aber nicht weiter nachgegangen werden.

---

173 Anni Carlsson: *Der Arzt als Ökologe bei Ibsen und Tschechow*. In: Neue Zürcher Zeitung, 22. Mai 1989, Nr. 115, S. 24
174 Plechanow, S. 936
175 Reich, S. 261
176 Stanisław Przybyszewski: *Ferne komm ich her ... Erinnerungen an Berlin und Krakau*. Leipzig und Weimar: Gustav Kiepenheuer Verlag, 1985, S. 57

Ein Volksfeind wirkte in Konflikt und Figurenkonstellation auf die Dramatiker und regte zu zahlreichen Nachahmungen und Variationen an. Es wurden von den Dichtern Akzente gesetzt: Die bürgerliche Gesetzgebung wurde als erstarrt empfunden und entsprach nicht mehr den Forderungen nach Gleichheit und Freiheit. Die Ursache sahen die Dichter in einer erstarrten Demokratie, in der die Majorität manipuliert und die geistigen Vorreiter, meist identisch mit der Minorität wie schon bei Ibsen, verfolgt und unterdrückt würden. Nur sie wären aber die Träger der geistigen Entwürfe und Utopien, während die politischen Repräsentanten der Majorität nur geistlose, trockene und feige Technokraten oder Bürokraten seien, die den eigenen Vorteil, insbesondere die eigene Macht und pekuniäre Ziele im Sinn hätten und deshalb nicht mehr an Forderungen nach Freiheit und Gleichheit dächten.

> Nachahmungen und Variationen

Übersicht über Nachahmungen und Variationen:

Julius Hart (1859–1930): *Der Sumpf. Schauspiel in fünf Aufzügen* (1886)[177] ist eines der ersten Beispiele der naturalistischen deutschen Dramatik. Julius Hart gehörte zu den frühesten Vorkämpfern für Ibsen in Deutschland. Franz Rückert, die Hauptgestalt, ist in seine kleine Provinzstadt zurückgekehrt und reagiert auf die kleinbürgerliche Dumpfheit und Beschränktheit mit „volksfeindlicher" Aggressivität und will die Gesetze verändern. Franz will frische Luft in den Ort bringen: „Auslüften – auslüften: wenn man nicht einmal wenigstens die Brust in dieser wilden kühlen Luft draußen baden und so ganz versinken könnte in diesen dunklen Weiten"[178].

Hermann Bahr (1863–1934)[179]: *Die große Sünde* (1889) wurde „dem Großmeister des modernen Dramas Henrik Ibsen" gewid-

---

177 Julius Hart: *Der Sumpf. Ein Schauspiel in fünf Aufzügen.* Münster i. W.: Bühnenmanuskript, 1886. Vgl. dazu Bernhardt, *Henrik Ibsen und die Deutschen*, S. 304 f.
178 Julius Hart, ebd., S. 35
179 Vgl. Bernhardt, *Henrik Ibsen und die Deutschen*, S. 279 ff.

met. Das Stück ist Ibsens *Ein Volksfeind* nachgebildet. Bahr beschäftigte sich intensiv mit Ibsen. Er stand seit 1886 mit Georg Brandes im Briefwechsel. 1887 erschien sein Essay *Henrik Ibsen*, im gleichen Jahr entstand sein von Ibsens *Rosmersholm* (1886) abhängiges Stück *Die neuen Menschen*. Ibsen sprach ihm seine Anerkennung aus und beide trafen sich 1888. Richard Heyden, Protagonist in *Die große Sünde*, ein politischer Agitator, erlebt ein Schicksal wie Tomas Stockmann. Er will, als die Regierung das Parlament auflöst und die Verfassung außer Kraft setzt, das Volk mobilisieren und wird dabei im politischen Kampf von seinen Mitstreitern enttäuscht, als Volksfeind gebrandmarkt und eingesperrt. Nach spektakulären Ereignissen schwört er seinem bisherigen Kampf um die Wahrheit ab: „Die Wahrheit ist gerade der ärgste Todfeind der Menschheit und kein schlimmeres Verbrechen an ihrer Wohlfahrt, als ihr zu dienen."[180] Bahrs Stück ist am Ende ein Gegenentwurf zu Ibsens Stück.

Knut Hamsun (1859–1952): *Ved Rigets Port (An des Reiches Pforten*, 1895*)* Schauspiel in vier Akten, wurde als Fortsetzung von Ibsens *Ein Volksfeind* gesehen und der Held des Stückes Ivar Kareno als *Doktor Stockmanns Geisteskind*, wie der russisch-sowjetische Philosoph Plechanow einen seiner Aufsätze (1910) betitelte.[181]

Otto Ernst (1862–1926): *Die größte Sünde* (1895), Schauspiel in fünf Akten. Die Essay-Sammlung *Offenes Visier* (1890) wies den politischen Hintergrund für das Stück und seine direkte Abhängigkeit von Ibsens *Ein Volksfeind* aus. Aussagen Stockmanns wurden wie Autoritätsbeweise gegen Kirche und Religion verwendet. Die größte Sünde ist in dem Stück die Verweigerung von Geistesfreiheit oder der Verrat an ihr. Der Held Behring hält eine große Abschiedsrede und begründet, warum die „hündische Feigheit"[182],

---

180 Hermann Bahr: *Die große Sünde. Ein bürgerliches Trauerspiel*. Zürich: Verlagsmagazin Schabelitz, 1889, S. 115

181 Plechanow, S. 929

182 Otto Ernst: *Die größte Sünde. Drama in fünf Akten*. Hamburg: Verlag von Conrad Kloss, 1895, S. 102

wirkliche Wahrheiten zu verkünden und sich dafür einzusetzen, die größte Sünde sei. Behring und seine Frau gehen in den Freitod.

Arthur Schnitzler (1862–1931): *Professor Bernhardi* (1912). Der Arzt Bernhardi ist ein naher Verwandter von Ibsens Tomas Stockmann: Beide Ärzte, durchqueren sie mit Beharrlichkeit die Höhen und Tiefen ihrer gesellschaftlichen Umwelt. Beide vertreten ihren Standpunkt. Ähnlichkeiten zwischen den Stücken sind unübersehbar: Beide stellen die Masse politisch als verständnislos und manipulierbar vor. Recht haben die Individuen. In der politischen Weitsicht waren die Stücke einander ähnlich, der jüngere Schnitzler – selbst jüdischer Herkunft – allerdings ahnungsvoll genauer mit dem Blick auf den entstehenden Faschismus.

Georg Kaiser (1878–1945): *Gas* (auch: *Gas I*), Schauspiel in fünf Akten, 1918. Die Strukturen des Ibsen'schen Stückes wurden in eine expressionistische Handlung eingebracht. Im 4. Akt findet eine Versammlung der Arbeiter des Gaswerkes statt. Der Milliardärssohn, der Hauptheld und ein Stockmann-Pendant, will die Arbeiter von seiner Siedlungsidee überzeugen, während die Arbeiter die Entlassung des Ingenieurs fordern. Alfred Kerr sah in einer bissigen Kritik in dem Schauspiel eine Variation von Ibsens *Ein Volksfeind*, aus der „der *Volksfeind* für den Zirkus"[183] geworden sei. Es ließe sich auch sagen, aus der Gefährdung eines norwegischen Kurortes ist die Gefährdung der gesamten Welt geworden; in beiden Fällen ist die „kompakte Majorität" manipulierbar durch Gewinnversprechungen. In beiden Fällen scheitern die Entwürfe eines moralisch sauberen Zusammenlebens der Menschen; es scheitern auch die Pläne eines freien gleichberechtigten Lebens unterschiedlicher sozialer Schichten.

Jean-Paul Sartre (1905–1980): *Die Fliegen* (*Les Mouches*), 1943, bezeichnete Martin Linzer als „komödische Vorwegnahme" von

---

183 Alfred Kerr: (*Georg Kaiser ‚Gas'*). In: Günther Rühle: Theater für die Republik im Spiegel der Kritik, 1. Band. Berlin: Henschelverlag Kunst und Gesellschaft, 1988, S. 129

Ibsens *Ein Volksfeind*. Der Atridentragödie wurde eine Handlung aufgelegt, die das Verhältnis zwischen Individuum und Masse pessimistisch versteht. Orest erlöst sein Volk von Unterdrückung („Vielleicht habe ich wirklich meine Vaterstadt gerettet."[184]) und will die Freiheit bringen, die er selbst erkannt hat und die ihn zur Tat befähigt, wird aber nicht verstanden und trennt sich von seinem Volk, die Fliegen – Symbol des Todes und des Untergangs – und die Erinnyen (Rachegöttinnen) mit sich nehmend. Orest erlebt, dass die Masse – darin Ibsens *Ein Volksfeind* vergleichbar – weder ihre Freiheit erkennt noch zur freiheitlichen Tat fähig ist.

Arthur Miller (1915–2005): *An Enemy of the People* (1950) ist eine bekannte dramatische Auseinandersetzung mit Ibsens Stück. Das Stück gehört in die Reihe der gesellschaftskritischen Stücke Millers; das norwegische Thema wurde auf die Kritik des American Way of Life umgeschrieben, sonst wurde weitgehend in Inhalt und Konflikten Ibsens *Volksfeind* beibehalten. Oft tritt das Stück in Spielplänen an die Stelle von Ibsens Original.[185]

Friedrich Dürrenmatt (1921–1990): *Der Besuch der alten Dame* (1957) zeigt „kompakte Majoritäten", die sich wie Wetterfahnen im Winde bewegen und allein durch finanzielle Aktionen Meinungen ändern – zentrale Vorgänge in Ibsens Stück. Die Einwohner von Güllen entscheiden sich in einer Volksversammlung für die „Gerechtigkeit" – scheinbar nicht für das Geld, aber gegen ihren Mitbürger und damit für das Geld. Es ist eine Entscheidung, die Ibsens 4. Akt in *Ein Volksfeind* in Struktur und Ablauf entspricht. Auch die Gründe der Entscheidungen sind einander ähnlich: Die Güllener erliegen den Verlockungen des Wohlstandes und nehmen deshalb ohne Skrupel einen Mord auf sich; Ibsens Bürger nehmen ohne Skrupel gefährliche Erkrankungen ihrer Kurgäste in Kauf, wird nur ihr Wohlstand gesichert.

---

184 Jean-Paul Sartre: *Die Fliegen*. In: Jean-Paul Sartre: Dramen. Berlin und Weimar: Aufbau-Verlag, 1967, S. 73

185 In der Spielzeit 2004/05 wurde das Stück als „Bearbeitung von Arthur Miller" am Gerhart-Hauptmann-Theater Zittau gespielt.

Jon Fosse (geb. 1959 in Haugesund) gilt inzwischen weltweit als Nachfolger, als Gegensatz oder als Vollender Ibsens. Die Grundstruktur seiner Stücke ist so, dass sie Ibsens Stücke weiterzuführen und endgültig zu beenden scheinen. In einem schönen Bild hat Peter Kümmel die Beziehung zwischen beiden Dramatikern beschrieben:

> *„In gewisser Weise verhalten sich Ibsen und Fosse zueinander wie zwei Torwächter an den Pforten des Unterbewusstseins. Ibsen stieß den Eingang wütend auf und ließ Luft und Publikum hinein. Fosse steht ruhig am Hinterausgang, im Begriff, das Gewölbe für immer zu schließen.“*[186]

In seinen Stücken *Svevn* (*Schweben*, dt. auch *Schlaf*, 2005) und *Skuggar* (*Schatten*, 2006) wird zwar nicht Ibsens *Ein Volksfeind* aufgenommen oder fortgesetzt, aber es geht in beiden Stücken darum, wie die Wortgewalt von Menschen wie Dr. Stockmann zum Schweigen kommt.

---

186 Peter Kümmel: *Frier die Zukunft ein, Peer!* In: DIE ZEIT, Nr. 23, 2006, S. 66

5. Materialien

Bei einem Empfang am 24. September 1887 im „Grand Hotel" in Stockholm hielt Ibsen eine Rede, die nicht nur der Tomas Stockmanns vergleichbar ist, sondern in der er seine Zukunftsvorstellungen und den Entwurf vom „dritten Reich" präzisierte:

„Ich bin ... der Meinung, dass die Zeit, in der wir leben, mit der gleichen Berechtigung als ein Abschluss bezeichnet werden kann, und dass daraus eben jetzt ein Neues erstehen will. Ich glaube nämlich, dass die naturwissenschaftliche Lehre von der Evolution auch für die geistigen Lebensfaktoren gilt. Ich glaube, dass wir am Vorabend einer Zeit stehen, da der politische Gedanke und der soziale Gedanke aufhören werden, in ihren gegenwärtigen Formen zu existieren, und dass sie beide zu einer Einheit verwachsen werden, die fürs Erste die Bedingungen zum Glück der Menschheit in sich birgt. Ich glaube, dass Poesie, Philosophie und Religion sich verschmelzen werden zu einer neuen Kategorie und zu einer neuen Lebensmacht, von der wir Zeitgenossen allerdings keine klare Vorstellung haben können ... ich bin Optimist insofern, als ich voll und fest an die Fortpflanzungskraft der Ideale und an ihre Entwicklungsfähigkeit glaube. Namentlich und bestimmter gesagt glaube ich, dass die Ideale unserer Zeit, indem sie zu Grunde gehen, auf das zusteuern, was ich in meinem Drama ‚Kaiser und Galiläer' andeutungsweise als ‚das dritte Reich' bezeichnet habe." (SW 1, 459 f.)

Paul Schlenther schrieb in den *Sämtlichen Werken* Henrik Ibsens den Kommentar zu *Ein Volksfeind* und charakterisierte Tomas Stockmann:

„Wir lernen einen prächtigen Mann kennen: in seinem Berufe als Arzt gebildet und praktisch, in mittleren Jahren, voll Feuer und Leben, im Genusse froh und fröhlich mit anderen, lieb und freundlich gegen seine brave Frau; in seiner hochherzigen Tochter Freigeist und Freimut nährend, seine Knaben nicht zu Duckmäusern erziehend, das Gute

liebend, das Schlechte hassend, ein idealistischer Hitzkopf, in dem treff-
liche Ideen und vage Phantasterei beisammen wohnen, schnell erregt
und bald versöhnt, jedermann mit fast naivem Vertrauen begegnend,
aber aufbrausend und leicht sich selbst vergessend, wenn er dieses Ver-
trauen getäuscht sieht ..." (SW 7, S. XXVII f.)

Der österreichische Schriftsteller Alfred Klaar wies auf den Zusammenhang zwischen einem Ereignis im böhmischen Teplitz und Ibsens *Ein Volksfeind* hin:

Der „Freiheitssänger" Alfred Meißner (1822–1885), ein seinerzeit
berühmter und erfolgreicher Schriftsteller, mit Heinrich Heine befreundet, *„war in Teplitz geboren, wo sein Vater, ein Sohn des einst*
berühmten Professors und Schöngeistes August Gottlieb Meißner[187], als
Arzt in hohem Ansehen stand. Aber diese ärztliche Wirksamkeit fand ei-
nen merkwürdigen Abschluss. Vater Meißner hielt es zu Beginn der drei-
ßiger Jahre, als das Gespenst der Cholera durch Europa ging und auch
vor Teplitz nicht haltmachte, für seine Pflicht, den Ausbruch der Epide-
mie öffentlich bekannt zu geben. Die Teplitzer, die dadurch ihre Saison
vernichtet sahen, nahmen Ärgernis an diesem charaktervollen Verhalten
und bedrohten den wackeren Mann und seine Familie, die nächtlicher-
weise durch Steinwürfe gegen die Fenster der Wohnung beunruhigt und
gefährdet wurde. Darauf verließ der treffliche Mann in raschem Ent-
schlusse die bisherige Stätte seiner Wirksamkeit und übersiedelte nach
Karlsbad ... Das Teplitzer Erlebnis, das Meißner in seiner Autobiografie
erzählt, erinnert in seinen Grundzügen an Ibsens ‚Volksfeind', und es ist
nicht ausgeschlossen, dass der nordische Dichter die Anregung zu sei-
nem Drama, das zu Beginn der achtziger Jahre entstand, aus Meißners
Memoiren, die, in den siebziger Jahren erschienen, dem in Deutschland
lebenden Ibsen wohl in die Hände geraten konnten, empfangen hat."[188]

---

187 August Gottlieb Meißner (1753–1807) war der Begründer der deutschsprachigen Kriminaler-
zählung.
188 Alfred Klaar: *Die böhmischen Weltbäder im Licht literarischer Erinnerungen.* In: Velhagen &
Klasings Monatshefte, hrsg. von Hanns von Zobeltitz und Paul Oskar Höcker, Berlin, Bielefeld,
Leipzig, Wien: Verlag Velhagen & Klasing, XXIII. Jg., 1908/09, Bd. 3, Heft 9, Mai 1909, S. 23

Berthold Litzmann (1857–1926), Professor der deutschen Literaturgeschichte an der Universität Bonn, war ein ebenso begeisterter wie kritischer Ibsen-Verehrer. Seine Vorlesungen sind bis heute ein bemerkenswertes Zeitzeugnis. Er stellte Peter Stockmanns Urteile über seinen Bruder Tomas zusammen und kommentierte:

„Diese Charakteristik, die allerdings nicht aus unparteiischem Munde kommt, entspricht im Wesentlichen doch dem Bilde, das wir aus den Handlungen des Dr. Stockmann im Laufe des Stückes gewinnen. Auch in einem weniger von engherziger Interessenpolitik und brutalem Egoismus regierten Gemeinwesen müsste dieser Mann auf die Dauer zu einer öffentlichen Plage werden, insofern zu seinen aufs Höchste zu bewundernden sittlichen Eigenschaften die des Verstandes in keinem entsprechenden Verhältnis stehen, weil ihm teils infolge seiner Naturanlagen, teils infolge der völligen Einsamkeit, in der er jahrelang gelebt hat, das Augenmaß für die Grenzen des Notwendigen und des Wünschenswerten völlig abhanden gekommen ist. ... wem leuchtet nicht ein, dass ein solcher Mann, dem jegliches Urteil über die Tragweite seines Handelns abgeht und der wie eine überheizte Lokomobile, ohne Steuer und Bremsvorrichtung blindlings auf jedes Ding, das ihm im Wege steht, aufrennt, nicht nur für seine Freunde, sondern mehr noch für die gute Sache, für die er bereit ist, sich selbstlos zu opfern, eine mindestens ebenso große Gefahr ist, wie seine in Bosheit und Lüge verstockten Gegner." [189]

Die Inszenierung Konstantin S. Stanislawskis 1900 fiel den deutschen Rezensenten 1906 bei einem Gastspiel dadurch auf, dass sie nicht der deutschen Erwartungshaltung entsprach. Dafür wurde sie der russischen Situation gerecht, wie Stanislawski berichtete. Im März 1901 war das Moskauer Theater zu einem Gastspiel in St. Petersburg; am Tag der

---

189 Berthold Litzmann: *Ibsens Dramen 1877–1900*. Hamburg und Leipzig: Verlag von Leopold Voß, 1901, S. 67 f.

Aufführung kam es zu Zusammenstößen zwischen Polizei und Bevölkerung auf dem Kasaner Platz:

„In Anbetracht der traurigen Tagesereignisse waren die Zuschauer (bei der Aufführung des ‚Volksfeindes', R. B.) äußerst erregt, reagierten auf die geringste Andeutung eines Verlangens nach Freiheit und auf jedes Protestwort Stockmanns. Fortwährend, zudem an Stellen, bei denen man es nicht erwartete, mitten in der Handlung, brausten Stürme tendenziösen Händeklatschens durch das Haus. Es wurde eine politische Demonstration ... An diesem Abend lernte ich aus eigener Erfahrung die Kraft der Einwirkung kennen, welche ein wahrhaftes, echtes Theater auf die Menge haben kann."[190]

Eine andere Einschätzung Tomas Stockmanns kommt zu ähnlichen Ergebnissen, bewertet sie aber anders:

„... der Held des Stückes, Dr. Stockmann, der in seiner Vaterstadt dieselbe Rolle spielt, wie Ibsen seinem ganzen Volke gegenüber, ist in seinem naiven Optimismus, seiner Weltunkenntnis und seinem Draufgängertum doch auch ein wenig ein Narr und ein großes Kind. Der große Karikaturenmaler hat in ihm ein allerdings liebenswürdiges Zerrbild seiner selbst geliefert."[191]

Monty Jacobs, der 1920 die dramaturgisch-technischen Mittel Ibsens differenziert analysiert hat und damit alle folgenden Untersuchungen bestimmte, hat dem *Volksfeind* nur beiläufig Aufmerksamkeit geschenkt, aber auf die gegensätzlichen Brüder aufmerksam gemacht:

„Erst im ‚Volksfeind' wird das Schematische (menschlicher Gegensätze, R. B.) überwunden. Wieder wie bei den Wikingern und wie am Hofe von Byzanz wird der Kontrast dadurch gesteigert, dass er zwei Geschwister voneinander scheidet. Mit einem burschikosen Wort ordnet Frank Wedekind einmal alle Menschen in zwei große Klassen ein:

---

190 Konstantin S. Stanislawski: *Mein Leben in der Kunst*. Berlin: Henschelverlag, 1951, S. 425 f.
191 Josef Collin: *Henrik Ibsen*. Heidelberg: Carl Winter's Universitätsbuchhandlung, 1910, S. 496

hopla und etepetete. In diese beiden Kategorien lassen sich zwanglos die Brüder Stockmann einreihen. Der Arzt und ‚Volksfeind' Thomas ist durchweg ein Hopla-Mensch: heiter, lebensfroh, studentisch, ein frei- gesinnter, nach neuen Gedanken fahndender Optimist und Menschen- freund. Im äußeren Bilde: ein Familienvater, der sich trotz Pfeife und Käppchen die Denkfreiheit des Bohémiens gerettet hat. Sein Bruder Peter, der Stadtvogt, hingegen darf von oben bis unten ‚etepetete' ge- nannt werden. Er ist ein griesgrämig-korrekter Bureaukrat (Bürokrat, R. B.), ein misstrauischer und engherziger Anbeter des Obrigkeitsideals mit ‚Autoritätsdusel', allem Neuen von vornherein feind. Äußerlich: ein galliger, einsamer Junggeselle mit schlechter Verdauung.

Sollte der Regisseur zufällig ein Temperenzler (Anhänger einer Enthalt- samkeitsbewegung, R. B.) sein, so könnte er in die Versuchung geraten, ein weiteres Motiv zum Scheiden der beiden Charaktere zu tilgen. Denn der Misanthrop und schlechte Kerl Peter trinkt nur Tee, während Thomas' Menschenfreundschaft und Umgänglichkeit sich in seiner Vorliebe für guten nordischen Punsch erprobt."[192]

In der Inszenierung von Klaus Erforth und Alexander Still- mark 1975 an den Berliner Kammerspielen spielte Kurt Böwe (1929–2000) einen Dr. Stockmann, der Ibsens Vorstel- lungen entsprochen haben dürfte:

„Opportunismus und charakterloses Taktieren, die sich eilfertig die Entschuldigungen immer gleich mitliefern, sind noch nicht total aus der Welt. Ohne historische und poetische Konkretheit des Ibsen-Stückes zu verletzen, assoziiert die Inszenierung solche Gedanken: mit kritischem Witz so gut wie mit dem grellen Ausleuchten von öffentlichen (gesell- schaftlichen) Haltungen über Zeit und Raum hinaus.

Vor allem aber, über die großartige Darstellung des Dr. Stockmann durch Kurt Böwe wird fast eine neue Dimension ins Stück gebracht. Ohne die Rolle künstlich aufzuplustern, ohne sie aus ihrem Milieu zu lösen und zu vordergründiger Demonstrativität hochzustapeln, schöpft

---

192 Jacobs, S. 28 f.

Böwe ihre ganze Substanz aus und zeigt anrührende, schillernde, mit-fühlende, Sympathie heischende und dabei doch so uneffektive Phäno-mene kleinbürgerlicher Rebellions-Pathetik. Er denunziert nicht diesen Dr. Stockmann, der am Ende zum Volksfeind deklariert und aus der Gesellschaft ausgestoßen wird. Er beraubt ihn nicht seiner liebens-werten Naivität. Er zeigt in der subjektiv ungemein redlichen Auflehnung dieses Mannes gleich auch dessen elitäre Selbstüberhebung, sein kindliches Revolutionsspiel, seinen zum pathetischen Dogma übersteigerten Individualismus, sein Verliebtsein in die aufrührerisch-schöne und doch so wirkungslose Geste. Er spielt das alles mit einem trockenen (wissenden) Humor, mit ekstatischer Körperlichkeit; er holt die ‚großen' Momente der Figur immer wieder aus der kleinbürgerlichen Begrenztheit ihrer Gesamtstruktur."[193]

---

193 Rainer Kerndl: *Gespielt mit trockenem, aber wissendem Humor*. In: Neues Deutschland vom 1. Oktober 1975

Literatur

1) Ausgaben

Ibsen, Henrik: *Ein Volksfeind*. Schauspiel in fünf Akten. Aus dem Norwegischen übersetzt von Christel Hildebrandt. Nachwort von Walter Baumgartner. Stuttgart: Philipp Reclam jun., 2006 (unveränderter Nachdruck der Auflage von 1999; Universal-Bibliothek Nr. 1702).
(Nach dieser Ausgabe wird zitiert.)

Ibsen, Henrik: *Sämtliche Werke in deutsche Sprache*. Durchgesehen und eingeleitet von Georg Brandes, Julius Elias, Paul Schlenther. Vom Dichter autorisiert. 10 Bände, Berlin: S. Fischer, 1898–1904.
(Zitate aus diesem Werk werden belegt mit dem Kürzel SW.)

Ibsen, Henrik: *Nachgelassene Schriften in vier Bänden*. (Sämtliche Werke in deutscher Sprache. Zweite Reihe.) Hrsg. von Julius Elias und Halvdan Koht. Berlin: S. Fischer Verlag, 1909 (4. Band: *Volksfeind*, S. 305–312)
(Zitate aus diesem Werk werden belegt mit dem Kürzel NS.)

Ibsen, Henrik: *Dramen*. Hrsg. von Rüdiger Bernhardt. 2 Bände. Leipzig: Reclam, 1968–1971 (Universal-Bibliothek Nr. 958–59); *Ein Volksfeind* in Bd. 1 (S. 265–367).

Ibsen, Henrik: *Samlede verker*. Med etterord av Edvard Beyer. Oslo: Gyldendal Norsk Forlag, 1978 (*En folkefiende* Bd. IV).

Ibsen, Henrik: *Brev 1845–1905*. Ny Samling ved Øyvind Anker. Oslo – Bergen – Tromsø: Universitetsforlaget 1979/81 (Ibsenarbok 1979 und 1980), I: Brevteksten, II: Kommentarene, Registre.

Ibsen, Henrik: *Briefe.* Auswahl, Übersetzung und Nachwort von Anni Carlsson. Stuttgart: Reclam, 1967 (Universal-Bibliothek Nr. 8783–86).

Ibsen, Henrik: *Dichter über ihre Dichtungen.* Übertragen und herausgegeben von Verner Arpe. München: Heimeran Verlag, 1972, Band 10/I–II (*Ein Volksfeind* Teil II, S. 95–107).
(Umfangreiche, wenn auch nicht vollständige Zusammenstellung der Entwürfe und Aussagen Ibsens über seine Werke usw.)

2) Lernhilfen und Kommentare für Schüler

Ibsens Dramen. Interpretationen. Stuttgart: Reclam, 2005 (Universal-Bibliothek Nr. 17530).
('Ein Volksfeind' wird darin nicht interpretiert, aber bei 'Gespenster', S. 103, und 'Die Wildente', S. 107, werden Verweise auf das Stück gegeben.)

Bernhardt, Rüdiger: *Henrik Ibsen. Nora (Ein Puppenheim).* Königs Erläuterungen und Materialien, Bd. 177. Hollfeld: C. Bange Verlag, ⁴2008.

Bernhardt, Rüdiger: *Henrik Ibsen. Hedda Gabler.* Königs Erläuterungen und Materialien, Bd. 459. Hollfeld: C. Bange Verlag, 2007.

3) Sekundärliteratur:

Admoni, Wladimir: *Henrik Ibsen. Die Paradoxie eines Dichterlebens.* München: Verlag C. H. Beck, 1991 (Beck'sche Reihe 619, Autorenbücher).
(Einfache Einführung, die bei 'Ein Volksfeind', S. 105–110, ungenau ist.)

Bernhardt, Rüdiger: *Henrik Ibsen und die Deutschen.* Berlin: Henschelverlag Kunst und Gesellschaft, 1989.

Bernhardt, Rüdiger: *Ibsens Polaritätsgedanke.* In: Weimarer Beiträge. Zeitschrift für Literaturwissenschaft, Ästhetik und Kulturtheorie. Berlin 1978, Heft 6, S. 85–111
(Darstellung des Zusammenhangs der Stücke Ibsens untereinander, speziell zu ‚Ein Volksfeind' S. 88 ff.)

Bien, Horst: *Henrik Ibsens Realismus. Zur Genesis und Methode des klassischen kritisch-realistischen Dramas.* Berlin: Rütten & Loening, 1970 (Neue Beiträge zur Literaturwissenschaft, Bd. 29).
(Gründliche, die soziale Bedingtheit der dramatischen Figuren betonende Untersuchung zu ‚Ein Volksfeind', S. 226–249; wesentliche Erkenntnisse zur Unterscheidung Dr. Stockmanns und Ibsens.)

Brandes, Georg: *Henrik Ibsen. Mit 12 Briefen Henrik Ibsens.* Berlin: Bard & Marquardt, 1906 (Die Literatur, Bd. 32/33).
(Bis heute ist dieser illustrierte biografische Abriss eine Fundgrube, beschreibt der dänische Literaturwissenschaftler Brandes doch aus eigenem Erleben den norwegischen Freund und Dichter.)

Brandes, Georg: *Das Ibsen-Buch.* Dresden: Carl Reißner, 1923.
(Vereinigt das früheste Gesamtbild über Ibsen von 1867 mit dem für den ‚Volksfeind' wichtigen Essay von 1882 und anderen Ibsen-Essays bis 1906, heute noch aufschlussreich für das Werkverständnis.)

Englert, Uwe: *Magus und Rechenmeister. Henrik Ibsens Werk auf den Bühnen des Dritten Reiches.* Tübingen und Basel: A. Francke Verlag, 2001 (Beiträge zur Nordischen Philologie, Bd. 30).
(Die informative Arbeit bietet umfangreiches unbekanntes Material zu Inszenierungen und Lesarten der Texte, auch über die behandelte Zeit hinaus.)

Ferguson, Robert: *Henrik Ibsen. Eine Biographie.* Aus dem Englischen von Michael Schmidt, skandinavische Originaltexte von Uwe Englert. München: Kindler Verlag, 1998.
(Gut lesbare Biografie, die deutsche Beziehungen nicht berücksichtigt und beim ‚Volksfeind', besonders S. 357–360, faktografisch unzuverlässig ist.)

Friese, Wilhelm (Hrsg.): *Ibsen auf der deutschen Bühne. Texte zur Rezeption.* Tübingen: Max Niemeyer Verlag, 1976 (Deutsche Texte Nr. 38).
(Sammlung wichtiger Aufsätze, darunter Otto Brahms ‚Henrik Ibsen' und Hugo von Hofmannsthals ‚Die Menschen in Ibsens Dramen', 1893.)

Haakonsen, Daniel: *Henrik Ibsen, mennesket og kunstneren.* Oslo: H. Aschehoug & Co Forlagt, 1981 (*En folkefiende*, S. 175–178 u. ö.).
(Das in Norwegisch geschriebene Buch, in Bibliotheken zu finden, bietet unbekanntes Material und umfangreiches, teils schwer zugängliches Bildmaterial.)

Hamburger, Käte: *Ibsens Drama in seiner Zeit.* Stuttgart: Ernst Klett Verlag – J. G. Cotta'sche Buchhandlung, 1989.
(Die Abhandlung ist durch zahlreiche faktografische Fehler und auf Nietzsche ausgerichtete Deutungen für das Verständnis der Dramen Ibsens wenig nützlich.)

Jacobs, Monty: *Ibsens Bühnentechnik.* Dresden: Sibyllen-Verlag, 1920.
(Kluge Darstellung der von Ibsen eingesetzten technischen Mittel, allerdings wenig Bezug zu ‚Ein Volksfeind', S. 28 f., 185)

Jaeger, Henrik: *Henrik Ibsen. Ein literarisches Charakterbild*. Mit Genehmigung des Verfassers aus dem Norwegischen übertragen, erweitert und selbständig fortgesetzt von Heinrich Zschalig. Zweite, vermehrte Auflage. Dresden und Leipzig: Verlag von Heinrich Minden, 1897.
(Diese frühe Biografie enthält ursprüngliches Material, auch zum ‚Volksfeind', z. B. die Kindheitserinnerungen Ibsens.)

Lothar, Rudolph: *Henrik Ibsen*. Leipzig, Berlin und Wien: Verlag E. A. Seemann und der Gesellschaft für graphische Industrie, ³1902.
(Das material- und bilderreiche Buch ist eine Fundgrube, informativ und sachlich korrekt.)

Meyer, Hans Georg: *Henrik Ibsen*. Velber bei Hannover: Friedrich Verlag, 1967. (Friedrichs Dramatiker des Welttheaters Bd. 46).
(Durch unkorrekte Beschreibungen entsteht ein falsches Bild des Stückes.)

Nilsen, Sidsel Marie und **Reznicek, Ladislav**: *Ibsen in Meiningen./Tagebuch für Norwegen. Herzog Georg II. von Sachsen-Meiningen.* Kiel: Wolfgang Butt Verlag, 1992.

Paul, Fritz (Hg.): *Henrik Ibsen*. Darmstadt: Wissenschaftliche Buchgesellschaft, 1977. (Wege der Forschung, Bd. 487).

Paulsen, John: *Erinnerungen an Henrik Ibsen*. Berlin: S. Fischer Verlag, 1907.

Plechanow, Georgi Walentinowitsch: *Kunst und Literatur*. Berlin: Dietz Verlag, 1955.
(In dem Sammelband finden sich die folgenreichen Aufsätze ‚Henrik Ibsen' (1906–08), S. 875–928, und ‚Doktor Stockmanns Geisteskind'

(1910), S. 929–950, die bis heute zur wesentlichen Literatur über ‚Ein Volksfeind' gehören.)

Reich, Emil: *Henrik Ibsens Dramen. Zwanzig Vorlesungen.* Dresden und Leipzig: E. Piersons Verlag, ⁴1903.
(Trotz des Alters eine verbreitete, faktenreiche und informative Arbeit, Kapitel X, S. 241–261 ‚Ein Volksfeind'.)

Rieger, Gerd Enno: *Henrik Ibsen in Selbstzeugnissen und Bilddokumenten.* rowohlts monographien Nr. 295, Reinbek b. Hamburg: Rowohlt Taschenbuch Verlag, ⁶1996.
(Zu ‚Ein Volksfeind' nur wenige Angaben, meist aus Briefen Ibsens, S. 89 ff.)

Scherer, Herbert: *Bürgerlich-oppositionelle Literaten und sozialdemokratische Arbeiterbewegung nach 1890. Die ‚Friedrichshagener' und ihr Einfluss auf die sozialdemokratische Kulturpolitik.* Stuttgart: J. B. Metzlersche Verlagsbuchhandlung, 1974.
(Die Untersuchung enthält den Exkurs „Ibsens ‚Volksfeind' vor der Freien Volksbühne", S. 99–104, und beschreibt die Zusammenhänge und Auseinandersetzungen im sozialdemokratischen deutschen Umfeld.)

Woerner, Roman: *Henrik Ibsen.* In zwei Bänden. München: C. H. Beck'sche Verlagsbuchhandlung, 1912, ³1923 (*Ein Volksfeind*: 2. Bd., S. 121–138).
(Trotz des Alters eine nützliche und informative Darstellung.)

Verfilmungen

Ein Volksfeind. Deutschland 1937. Regie: Hans Steinhoff, Drehbuch: Erich Ebermayer. Dr. Stockmann: Heinrich George.

An Enemy of the People (Ein Volksfeind). USA 1978. Regie: George Schaefer, Drehbuch: Arthur Miller nach Henrik Ibsen.

Ganashatru. An Enemy of the People. Indien 1989. Regie: Satyajit Ray. Die Handlung wurde ins heutige Bengalen verlegt. Ein Arzt setzt sich für sauberes Trinkwasser ein, unterliegt aber den Folgen von religiösem Fanatismus.

En folkefiende (Ein Volksfeind). Norwegen 2005. Regie: Jan Erik Skoldbjærg. Drehbuch: Nikolaj Frobenius und Jan Erik Skoldbjærg. Der Film modernisiert das Geschehen unter dem Aspekt von Umweltverschmutzung und Familienzerfall. Ibsens Dr. Stockmann, ein erfolgreicher Fernsehjournalist, zieht sich aufs Land zurück, um gemeinsam mit seinem Bruder reines Quellwasser abzufüllen. Als sich die Belastung des Wassers ergibt und er das öffentlich machen will, steht er schnell allein und wird demontiert, wenn er mit dem Satz endet: „Ich schaffe es nicht allein."